# 南京民俗概览

谭志云　编著

南京出版社

**图书在版编目（CIP）数据**

南京民俗概览 / 谭志云编著. -- 南京 : 南京出版社, 2023.2

ISBN 978-7-5533-4088-3

Ⅰ. ①南… Ⅱ. ①谭… Ⅲ. ①非物质文化遗产 - 介绍 - 南京 Ⅳ. ①G127.531

中国国家版本馆CIP数据核字（2023）第012839号

**封面用图** 乞巧图（选自《南京传统风俗》）

**书　　名** 南京民俗概览
**作　　者** 谭志云
**出版发行** 南京出版传媒集团
南 京 出 版 社
社址：南京市太平门街53号　　邮编：210016
网址：http：//www.njcbs.cn　　电子信箱：njcbs1988@163.com
联系电话：025-83283893、83283864（营销）　025-83112257（编务）

**出 版 人** 项晓宁
**出 品 人** 卢海鸣
**责任编辑** 汪　枫
**装帧设计** 赵海玥
**责任印制** 杨福彬

**制　　版** 南京新华丰制版有限公司
**印　　刷** 南京工大印务有限公司
**开　　本** 787毫米 × 1092毫米　1/32
**印　　张** 4.625
**字　　数** 70千
**版　　次** 2023年2月第1版
**印　　次** 2023年2月第1次印刷
**书　　号** ISBN 978-7-5533-4088-3
**定　　价** 20.00元

用微信或京东APP扫码购书

用淘宝APP扫码购书

# 目录

# 前言

非物质文化遗产是中国优秀传统文化不可或缺的部分，它深入我们的衣、食、住、行等各个方面。按照2003年10月在联合国教科文组织第32届大会上通过的《保护非物质文化遗产公约》，非物质文化遗产指“被各社区、群体，有时是个人，视为其文化遗产组成部分的各种社会实践、观念表述、表现形式、知识、技能以及相关的工具、实物、手工艺品和文化场所”。按照这一定义，非物质文化遗产主要包括五个方面：口头传统和表现形式，包括作为非物质文化遗产媒介的语言；表演艺术；社会实践、仪式、节庆活动；有关自然界和宇宙的知识和实践；传统手工艺等。

2011年，我国颁布的《中华人民共和国非物质文化遗产法》进一步明确了非遗的类别，包括传统口头文学以及作为其载体的语言；传统美术、书法、音乐、舞蹈、戏剧、曲艺和杂技；传统技艺、医药和历法；传统礼仪、节庆等民俗；传统体育和游艺以及其他非物质文化遗产。

与文物不同的是，非物质文化是“活态文化”，它的传承方式是直接依靠人、作用于人的活态传承。这种非物质文化遗产世代相传，在各社区和群体适应周围环境以及与自然和历史的互动中，被不断地再创造，为这些社区和群体提供持续的认同感，从而增强对文化多样性和人类创造力的尊重。

中华优秀传统文化与红色文化、社会主义先进文化三者一道共同成为我国社会文化发展的重要资源和动力。20余年来，我国以非遗代表性项目为主要抓手的非遗保护取得了显著成绩，从2006年至今已公布了5批1557项国家级非遗代表性项目，基本建成了国家、省、市、县四级非遗代表性项目名录体系。

南京作为国务院首批公布的历史文化名城，

有着2500年建城史、400多年建都史，有着丰富的自然景观和历史遗存，其中的非物质文化遗产是南京历史文脉不可分割的重要部分，具有不可替代的研究价值。南京拥有丰富的非物质文化遗产，有各级各类非遗2000多项，其中有4个项目被联合国列入人类非物质文化遗产代表作名录。在社会各界的共同努力下，南京的非物质文化遗产保护、利用与传承已经取得了令人瞩目的成就，为城市建设做出了不凡的贡献。

# 第一章　民间习俗

民间习俗是历史悠久的民族文化传承，是社会集体活动的产物，具有集体性。同时，民间风俗又是相沿成习的东西，具有传承性。近年来，很多影响广泛、历史悠久的民间习俗被列入各级非物质文化遗产保护名录。我们所熟知的端午节、珠算、春节、清明节、重阳节、中秋节、灯会等均为国家级非物质文化遗产。从南京来看，南京秦淮灯会现为国家级非物质文化遗产项目，妈祖庙会、南京祠山庙会、薛城花台会、抖空竹、元宵节（方巷走北习俗）、雨花石鉴赏习俗等为省级非物质文化遗产项目，蒋王庙庙会、南京赏梅习俗、夫子庙花鸟鱼虫市、泰山庙会等为市级非物质文化遗产项目。

## 第一节　秦淮灯会

灯会是中国一种古老的民俗文化，一般指春节前后至元宵节时，由官方举办的大型的灯饰展览活动。自六朝以来，南京灯会日益繁盛，至今仍然是南京民俗文化的一种主要形式。

秦淮灯会，又称“金陵灯会”“夫子庙灯会”“南京灯会”，是历代南京民众延续和传承民俗文化的重要空间。历史上的秦淮灯会主要分布在南京秦淮河流域。秦淮河，古称龙藏浦，汉代起称淮水，唐以后改称秦淮。秦淮河有南北两个源头，北源句容河发源于句容市宝华山南麓，南源溧水河发源于南京市溧水区东庐山，两河在南京市江宁区方山埭西北村汇合成秦淮河干流。然后自东向西，流经南京南部，又沿着石城的西北注入长江。秦淮河是南京市最大的地区性河流，孕育了南京古老文明，被称为南京的母亲河，历史上极负盛名。

秦淮灯会发端于魏晋南北朝时期，有“灯火满市井”的壮观景象，在唐代迅速发展，自明初

秦淮灯会中的灯彩

洪武帝朱元璋在南京倡导元宵灯节活动以后，秦淮灯会达到了鼎盛，南京逐渐开始享有“秦淮灯火（彩）甲天下”之美誉了，秦淮河悬挂花灯的画舫（俗称“灯船”）也随之蜚声天下。唐伯虎的一首诗记录了当时灯会的盛况：“有灯无月不娱人，有月无灯不算春。春到人间人似玉，灯烧月下月如银。”

历史上的秦淮灯会主要分布在南京秦淮河流域。20世纪以后主要集中在夫子庙地区。1977年春节，南京夫子庙首次恢复了灯市，每年一届

夫子庙

的灯会至今已连续举办40多年；灯会举办的地址也由夫子庙地区扩展至“十里秦淮”东侧五里地段，核心区域包括夫子庙、瞻园、白鹭洲公园、王谢故居、吴敬梓故居、江南贡院、中华门瓮城展览馆，以及中华路、平江府路、瞻园路、琵琶路一带。花灯的数量、品种，赏灯的游客越来越多。从全国范围来看，除秦淮灯会外，还有宏潭灯会（安徽黟县）、杨柳青灯会（天津市西青区杨柳青镇）、上海灯会、承德灯会、自贡灯会、成都灯会等。2006年5月，秦淮灯会被国务院列入第一批国家级非物质文化遗产代表作名录。2008年6月7日，多地合并申报的灯会经国务院批准列入第二批国家级非物质文化遗产名录。

## 第二节　南京庙会

庙会，顾名思义，就是在寺庙附近聚会，进行祭神、娱乐和购物活动，它既与我国的民间宗教信仰有关，也与岁时有关，同时还是一种重要的集市贸易形式。《辞海》这样解释：庙会亦称“庙市”，中国的市集形式之一，唐代已经存在，在寺庙节日或规定日期举行，一般设在寺庙内或其附近，故称“庙会”。

南京重要的庙会有作为省级非遗项目的妈祖庙会、南京祠山庙会、薛城花台会和市级非遗项目的蒋王庙庙会、狮子岭庙会、泰山庙会、南京祠山庙会和招贤寺庙会等。

南京妈祖庙会自明代迄今，时兴时衰，绵延不绝。妈祖庙会主要集中在每年春季农历三月二十三日妈祖诞辰日前后，是流传于南京地区的重要民俗文化活动。天妃宫是妈祖庙会的中心场所。永乐五年（1407），因感于妈祖庇佑郑和下西洋平安归来，明成祖朱棣特为妈祖在狮子山敕建“天妃宫”。永乐十四年（1416），又为南京天妃宫撰写了《御制弘仁普济天妃宫之碑》一文，竖起了刻有碑文的石碑。此后，六朝古都相继建造了十余座天妃宫。南京人对妈祖的信仰由此逐渐盛行起来。①

南京及周边地区民间流传着“三月二十三，乌龟爬下关”的谚语。每年农历三月二十三日前后，民众齐集于下关，祭祀天妃，祈求平安，逐步演变为集文化商贸活动于一体的庙会。1899年后，南京对外开埠，妈祖庙会繁盛一时。后因战乱，庙会时断时续。

庙会期间要进行隆重的祭拜妈祖活动，主要内容有：妈祖庙谒祖进香、祈福三献礼大典、行迎神礼、行初献礼、行亚献礼、行终献礼、行送

---

① 林国良主编：《妈祖文化简明读本》，海风出版社2014年版，第182页。

2007 年 5 月第三届妈祖庙会祭典活动

神礼等。妈祖庙会由于自身特有的文化内涵，对于加强海峡两岸文化交流与友好往来等产生了积极的影响。2007年，南京妈祖庙会被列入江苏省首批非物质文化遗产名录。①

祠山庙会以溧水蒲塘桥、高淳椏溪最具代表性。南京祠山庙会起源于明初，当时朱元璋当上皇帝，下令在江南建360座祠山大帝庙，各庙轮流

---

① 南京市文化局等编：《南京市非物质文化遗产集萃》，南京出版社2008年版，第218—219页。

祭祀，蒲塘桥祠山大帝庙为其中之一。至明末清初，庙会活动已在当地具有很大影响。相传，每年农历三月二十六日为祠山大帝寿诞，按惯例，当地百姓要举行传统的庙会活动，以求一方平安，风调雨顺，五谷丰登。

传统的庙会活动一般为三天，从农历二十五日开始，二十六日为正日。活动按严格的程序进行。参加活动者分为五队。第一队开道，扮作小丑，挥舞扇子，耍火流星；第二队由若干盛妆少女“挑花篮”表演；第三队由24个小伙子抛叉，有“传叉”“拜四门”“高空抛接”等传统套路表演，惊险刺激；第四队为高跷表演，表演者以传统人物造型亮相，如三国时的刘备、关云长、张飞，《西游记》中的唐僧师徒四人，《八仙过海》中的八仙等，是整个活动的高潮；第五队由村民抬着祠山大帝出行，后面则跟着若干组色彩不同、大小不一的花伞队伍，场面热烈欢快。

桠溪祠山祭祀活动则鼎盛于民国。民国年间，广德的祠山总会祭祀活动十分隆重，桠溪地区离广德比较近，桠溪老百姓都赶去烧香跪拜。

后征得祠山祖庙同意，20世纪20年代，在桠溪镇社寿村建起一座规模较大的祠山庙，桠溪一带百姓就地烧香祭祀，村村设祭台祭祀。庙会期间，全县各地及周边地区的人都来赶庙会，多者达数万人。新中国建立后，庙宇用于办学，祭祀活动停止，但每年农历三月初三桠溪仍有会场。1996年首次恢复祭祀活动，有2000多人的出巡队伍。桠溪有18个祠山庙会，分东岳祠山会、南岳祠山会，祭祀时间不同，祭祀的方式、内容大同小异，各具特色。这种祭祀活动一直沿袭至今。

南京祠山庙会是一种群众性的民间文化活动，除了踩高跷、抛叉需要一定的表演技巧以外，更多的则是挑夫、马夫、烧香者，这些都无须表演，只要随队伍出行即可，因此具有广泛的群众性和参与性。在出会过程中，行经之地的各家各户都要摆设香案，恭迎菩萨。晚上还要看大戏。周边村镇的人们也会选择此时走亲访友，烧香拜神，观看大戏。届时蒲塘老街会达到上万人，十分热闹。

薛城花台会始兴于清康熙年间，延续至今，

蒲塘桥庙会

祭祠山中龙灯表演

祠山庙会

薛城花台会中的唱戏项目

已有300多年历史。薛城花台是以金銮殿的模型绘制成图，犹如缩小的宫殿，制作精美，花团锦簇，金碧辉煌，极具观赏性。花台占地约210平方米，台面宽13米，进深16米；花台制作浓缩了传统戏剧内容，体现了中华民族忠孝节义的美德及天地人和的理念。台沿口栏杆上悬挂各种戏剧人物彩图，台中立有浮雕金花盘绕的四根柱子，台顶是一幅幅彩画排吊，台口上方用纸扎镂空彩屏拼联，称“五彩架”。花台会于农历三月十八日开始，为期三至五天，观众云集。2007年，薛城花台会被列入南京市首批非物质文化遗产名录。

蒋王庙庙会是由祭祀蒋子文的活动而衍生出的民间庙会，是南京历史上四大庙会之一，每年农历四月十五举办蒋王庙庙会，庙会包含着历史、宗教、民俗、商贸等诸多文化内容。据《搜神记》“蒋子文成神”条载：

蒋子文生前为国家官吏，因讨贼而阵亡，死后无所归，成为“厉鬼”，自称是土地神，要求甚至是威胁百姓：“为我立祠，当有瑞应也；不尔，将有大咎。”果真如他所言，夏天出现了大疫，也对应了无所归即为灾的说法。百姓当中出现了恐慌，开始重视这位蒋子文，但蒋子文还不满足，他希望得到孙氏君王的认可，既而又下巫祝并“使虫入人耳为灾”。孙主不相信，蒋子文未达目的不罢休，又再次下巫祝，终于得到了孙氏的认可，被封为中都侯，为立庙堂。

东晋时期的蒋子文信仰是有所发展的，东晋王朝积极对其扶持，并将其纳入正祀体系中。据《宋书》载：“江左初，未立北坛，地祇众神，共在天郊也。晋成帝立二郊，天郊则六十二神，五帝之佐、日月五星、二十八宿、文昌、北斗、三台、司命、轩辕、后土、太一、天一、太微、钩陈、北极、雨师、雷、电、司空、风伯、老人六十二神也。地郊则四十四神，五岳、四望、四海、四渎、五湖、五帝之佐、沂山、岳山、白山、霍山、毉无闾山、蒋山、松江、会稽山、钱唐江、先农凡四十四也。”[①]从材料中可以看出，

①［梁］沈约：《宋书》卷16《礼志三》，中华书局1974年版，第432页。

蒋山赫然在列，成为东晋政权郊祀的对象，纳入东晋王朝的正祀当中。这样蒋子文也成为东晋政权的保护神。

东晋政府这样极力地扶持蒋子文，也是有其自身的原因。姚潇鸫在《蒋子文信仰与六朝政治》一文当中也对其进行了分析。他认为蒋子文信仰在东晋这样一个南渡的王朝兴盛起来，是蒋子文信仰给东晋政权提供了合法性资源，册封这样一个在江南有广泛影响力的神衹有助于江东的世家大族和百姓的支持。其中王导与贺循发挥了关键作用。综合来看，蒋子文信仰在东晋时期又进入了一个快速发展的时期。①

南朝时期，蒋子文信仰在淫祀和正祀中不断变化。例如宋武帝时期，蒋子文信仰被打入淫祀的行列，因此其祠庙难逃禁毁的厄运。在孝武帝时期，更修了蒋山祠，政府的态度又转向扶持蒋子文信仰。蒋子文信仰再次成为官方认可的正

---

① 姚潇鸫：《蒋子文信仰与六朝政治》，《学术研究》2009年第11期，第112—113页。

祀，其影响力也慢慢恢复。林飞飞认为："孝武帝虽以'肇乱巫蛊'为名讨伐二凶，但其对鬼神巫术亦颇为崇信。"此外更修蒋子文祠，也与当时政权内部的权力之争——刘义宣叛乱以及北伐失败，魏军乘胜南进带来的压力有关。[①]刘聪也认为由于孝武帝经历了刘义宣叛乱，受到了一些刺激，孝武帝又回想起护佑江东的神灵蒋子文，希望从蒋子文那里得到一些精神的力量，所以才会不顾父祖之训，重新恢复了蒋子文的祠祀。"[②]而在齐、梁时代，蒋子文信仰同样在淫祀和正祀中不断变化，在官方体系中时设时废，但在民间信仰者甚众。

六朝之后，在隋唐时期蒋子文信仰被打入政府认定的淫祀当中，遭到了政府的禁绝。到了宋元时期，蒋子文信仰又再次被纳入正祀的体系中。到了明朝时期，蒋子文信仰至少在太祖、成

---

① 林飞飞：《刘宋帝王与宗教关系研究》，南开大学2013年博士学位论文，第200—201页。

② 刘聪：《蒋子文信仰流行考》，北京大学2003年硕士学位论文，第26—27页。

蒋王庙庙会举办所在地（蒋王庙21号）

祖以及崇祯皇帝时期是官方认定的正祀，被纳入国家正祀的体系中。特别指出，在成祖时期，蒋子文信仰又达到了一个发展的高峰。所以，纵观六朝至宋元明时期，蒋子文信仰在正祀和淫祀中不断嬗变，祭祀地位也不断起起伏伏。1949年南京解放后，蒋王庙庙会在每年春季仍然举办；1992年后，庙会演变成了农贸交易会。2007年，蒋王庙庙会被列入南京市首批非物质文化遗产名录。

泰山庙会又称“三二八庙会”，形成于明洪武时期，泰山庙会是南京浦口地区民间文化在与释、道文化长期渗透交融中所形成的独具特色的民俗文化现象。泰山庙会鼎盛于明清，其盛况堪称南京江北之最，民国时期一度衰落，改革开放后再次兴盛。

历史上，每逢泰山庙会期间，民众踊跃参与，尤其在东岳大帝“三二八”生日这天，呈现万人空巷的壮观景象。“出会巡街”“烧香礼拜”，各式民间文艺表演等活动，是泰山庙会的主要载体。新中国成立后，“出会巡街”虽被废止，取而代之的物资交流成为泰山庙会的重要载

泰山庙会

体，现为南京江北乃至周边地区重要的综合性民俗文化及商贸活动。2007年，泰山庙会被列入首批南京市非物质文化遗产名录。

狮子岭庙会于农历正月十五，即元宵佳节在浦口的狮子岭兜率寺举行。据传，自兜率寺顺治二年（1645）建寺以来，便有了正月十五庙会的传统，传承至今。由于兜率寺中外驰名，远道而来的香客常于正月十四便进入该寺，寺内和尚给予热情接待，还给予安排住宿、吃饭。善男信女来此烧香拜佛，则是求一方平安，风调雨顺，家庭幸福，人丁兴旺。狮子岭庙会相传300年之久，在民国时期达到鼎盛。新中国成立后庙会一度中断。1978年改革开放以后开始恢复这一活动。2008年，狮子岭庙会被列入第一批市级非物质文化遗产代表性项目名录民俗类项目。

招贤寺庙会在六合金牛湖街道的招贤寺举行，每年四次，以观音菩萨生日，即农历二月十九、六月十九、九月十九、腊月初八为庙会日，而以六月十九最为隆重，参加庙会的人数最多，已成为当地及周边重要民俗活动。2018年12

月，招贤寺庙会被南京市人民政府列入第四批南京市非物质文化遗产名录。

## 第三节　岁时节日民俗

岁时节日民俗指的是在一年之中的某个相对阶段或特定的日子，在人们的生活中形成的具有纪念意义或民俗意义的社会性活动，并由此所传承下来的各种民俗事项。南京的岁时节日民俗有着自身鲜明的特性，重要的岁时节日民俗有四月八日食乌饭、牛首山踏春、幕府登高和赏梅、方巷人走北等。

四月八日食乌饭习俗在南京流传已久。相传四月八日为释迦牟尼诞辰之日，南京人在这一天还要赶庙会，吃乌饭。所谓乌饭，就是以青精树茎叶捣烂滤汁泡糯米，晾干蒸煮而成。古时做法复杂，要“九浸九蒸九晒”。明朝时，在每年的农历四月八日，赐文武百官午门外吃“不落英”。清江宁府所属各县颇为流行。溧阳、溧水县的人们还用乌饭酿酒。凡生女孩的溧水人家，必造乌饭酒一坛。

清代著名文学家袁枚曾喝过乌饭酒，对此爱不释手，他在《随园食单》中如是记载："余素不饮，丙戌年，在溧水叶比部家，饮乌饭酒至十六杯，傍人大骇，来相劝止。而余犹颓然，未忍释手。……据云溧水风俗：生一女必造酒一坛，以青精饭为之。俟嫁此女才饮此酒。以故极早亦须十五六年。打瓮时只剩半坛，质能胶口，香闻室外。"[①]现在南京的部分地区在四月八日除了吃乌饭外，还举办物资交流会。

立夏尝三鲜在古时江南一带便已存在。不过，不同地域的三鲜也略有不同。常州的三鲜分为地三鲜（苋菜、蚕豆、燕笋）、树三鲜（青梅、樱桃、香椿头）、水三鲜（鲥鱼、白虾、海蛳）；苏州的三鲜指的是樱桃、青梅和麦子。南京地区的三鲜则指樱桃、青梅、鲥鱼。樱桃一名含桃，能调中益脾，美人面颜，江宁织造曹寅向

---

①［清］袁枚著，王刚编著：《随园食单》，江苏文艺出版社2015年版，第371页。

第五次巡游南京的康熙帝进贡的就是玄武湖樱州产的“鲜果第一枝”樱桃。青梅，味酸而脆，含有蛋白质、脂肪、多种维生素等营养成分，还具有较高的药用价值。鲥鱼，每年春夏之交从沿海水域上溯到江中产卵，鱼肉鲜嫩肥美，且对脾胃失调、气血不足等有疗效，明清两朝一直作为贡品。明代诗人何景明创作了一首七言律诗《鲥鱼》：

五月鲥鱼已至燕，荔枝卢橘未应先。
赐鲜遍及中珰第，荐熟谁开寝庙筵。
白日风尘驰驿骑，炎天冰雪护江船。
银鳞细骨堪怜汝，玉筋金盘敢望传。

长江中下游曾盛产鲥鱼，1974年曾高产达157.5万千克。以后由于污水及水利工程（拦江筑坝）兴建，产卵场严重破坏，加上超强度的捕捞亲鱼和幼鱼，其资源量严重衰退，至1985年仅有3万千克。为了保护鲥鱼资源，中国相继开展了鲥鱼人工授精、卵孵化及仔鱼培育的研究。1988年被列入《中国濒危动物红皮书》Ⅰ级野生保护。2017年，被列入世界自然保护联盟濒危物种红色名录。

幕府登高风俗是历史上流传于南京地区的民俗文化活动，主要集中在每年的农历九月初九重阳节，城南雨花台、城中鸡笼山与城北幕府山是南京三处绝佳的登高处，“幕府登高”还入选了清代的金陵四十八景之一。

重阳节在民间是一个非常重要的节日，这一天要举行各种活动，如郊游、登高、赏菊、插茱萸、吃重阳糕等。登高是重阳节的主要习俗。古人认为，九九重阳，登高可以避灾，故重阳节被称为“登高节”。相传此风俗始于东汉，距今已有1700多年历史。后来，重阳节登高爬山，逐渐演变成了人们亲近自然、锻炼身体和休闲娱乐的活动。唐代著名诗人王维在《九月九日忆山东兄弟》一诗中写道：

独在异乡为异客，每逢佳节倍思亲。

遥知兄弟登高处，遍插茱萸少一人。

南京的“幕府登高”活动缘起于东晋，鼎盛于明清，当时，每逢重阳节，人们便结伴来到幕府山登山祈福，随处可见玲珑剔透的岩溶奇观，远眺长江，霞光浸染，江水如练，船帆东来西往，可令观者顿生感叹之情。1930年前后，受幕府山开矿影响，“幕府登高”习俗随之中断。2012年，下关（今属鼓楼区）幕府登高节开幕，标志着消失了80年之久的“幕府登高”习俗重现，百姓纷纷参与。

牛首山踏春也是南京地区古老的民间习俗，始于东晋，盛行于唐代，传承至今。牛首山花木繁多，风景秀丽，留存有南唐二陵、弘觉寺塔等众多文物古迹。春天是牛首山风景最盛之时，尤其是清代，桃树遍植山野，风景这边独好，“牛首烟岚”被列入金陵四十八景之一。

牛首山与栖霞山齐名，被誉为“春牛首”与“秋栖霞”。初春时节，在满园春色中，民众饱览名胜古迹，膜拜古寺名刹，形成了集郊游、拜佛、览胜、休闲为一体的民间赏春文化休闲活动。

春季到牛首山踏青的游人如梭

南京有“春牛首，秋栖霞”之谚，栖霞山是南京人秋游的首选。“栖霞丹枫”历来为金陵胜景之一。“停车坐爱枫林晚，霜叶红于二月花”的胜景描写让人心旷神怡。大约在明中期，摄山被列入吴人文伯仁（1502～1575）所绘《金陵十八景册》。此后，栖霞胜境、栖霞佛岭均被选入金陵四十八景之列。乾隆皇帝“第一金陵明秀山，所欣初遇足空前”的赞美，更使栖霞名扬天下。枫叶是栖霞山的重要自然景观，孔尚任在

《桃花扇》里写道："放目千岩万丈，佛头红叶千枝。"1983年，"栖霞丹枫"被列为"新金陵四十景"之一。

游客在梅花山赏梅

栖霞之美，还在于其栖霞古寺、舍利塔、千佛岩等人文景观。源远流长的历史、丰富多彩的文化资源、山色泉林的自然美景、文人墨客的游历咏怀，正是栖霞山引人入胜的重要源泉。

此外，南京还有赏梅习俗。中国是梅花的故乡，梅花至少在西汉时就被引种栽培和应用，迄今有2000多年的历史。南京植梅盛于南朝，赏梅之风历代相沿。位于钟山脚下的梅花山是南京地区一处重要的观梅、赏梅的"文化空间"。梅花山面积约102公顷，依山栽植梅花3万余株，品种有220多个，有"天下第一梅山"之称。

南京民间植梅与赏梅历史悠久，历六朝至

今不衰。20世纪30年代初中山陵建于钟山之后，时人辟“孙陵岗”为孙中山陵园的植物园蔷薇花木区，山之上下开始植梅，到全面抗战前夕，已是一片梅花盛景，每逢春日，赏梅者不绝。1949年后，中山陵园管理局在梅花山大量植梅。1992年植梅区向梅花山东扩展，形成万株梅园。1982年，南京确定梅花为市花。1995年，南京设立梅花节，每年2～3月份举行。南京植梅、赏梅之风一直延续，遂成习俗。2008年1月，南京赏梅习俗被列入市级非物质文化遗产名录。

## 第四节　南京的方言

严格来说，“南京话”是一个相对模糊的概念，因为南京在历史上建置沿革非常复杂，辖地时有变化。从区划上来看，南京话属于江淮方言，1987年出版的《中国语言地图集》将南京话归为江淮方言洪巢片，这一观点为之后的学术界所沿用。在历史上，随着人口的迁移与融合，南京的方言在1000多年的时间内实现了从吴语向江淮官话的转变。

先秦时，南京属于吴地，本土语音本为初步汉化的古吴越语。那时候吴、越语大体相同，合称“吴越语”。《吕氏春秋·贵直论》中引伍子胥的话说：“夫吴之与越也，接土邻境，壤交通属，习俗同，言语通。”[①]西汉刘向《说苑·善说》记载了一首春秋时代《越人歌》。这首《越人歌》是用汉字记音的。

春秋时代，越吴两国常有战事。吴王夫差曾战胜越国，迫使越王勾践屈服求和。但勾践卧薪尝胆，刻苦图强，于公元前473年攻灭吴国，复向北扩展，成为霸主，疆域有今江苏北部运河以东、江苏和安徽两省的南部、江西东部、浙江北部。战国时，越国国力日衰，约于公元前306年为楚国所灭。可见古越、吴两国在春秋时代相互作战、吞并，促使来自中原华夏语言的分支在异地不断发生接触和融合，遂成为既不同于原地华夏

①［战国］吕不韦编：《吕氏春秋》卷23《贵直论第三》，四部丛刊景明刊本。

语又不同于异地百越语的越语，而成为吴语前身和源头的“古吴越语”或“古吴语”。[①]

孙吴时期，南京时称建业，主要语言为吴语。当时流行一类用吴地方言传唱，温柔委婉的被称作“吴声歌曲”的民歌，它们被收录在后世南朝乐府中。吴语歌曲的特点：“歌谣数百种，子夜最可怜。慷慨吐清音，明转出天然。丝竹发歌响，假器扬清音。不知歌谣妙，声势出口心。”[②]吴歌很多歌词中有一个典型的吴语词“侬”。据粗略统计，吴歌《华山》二十五首之中，用“侬”的有五首，占五分之一；《读曲歌》八十九首之中，用“侬”的有二十二首，几乎达四分之一。

这一时期南京方言仍然有别于中原。由山西迁江东的东晋人郭璞，在《方言注》中记载了中古江东语的情况。郭璞常用当时的方言来解释

① 侯精一主编：《现代汉语方言概论》，上海教育出版社2002年版，第69页。

②［宋］郭茂倩：《乐府诗集》卷45，四部丛刊景汲古阁本。

《尔雅》的词。他收集的方言材料，西到凉州，东到沿海，特别是当时长江下游东岸的江东，收集的材料最多。例如："逞、苦、了，快也。"郭璞注："今江东人呼快为愃。相缘反。"

由于缺乏直接的语言史料，魏晋以后，南方方言是何时从吴方言转变为北方方言的，目前尚无法确证；不过可勾勒一些粗略之线条：北方方言渡过长江，以建康为中心，形成后来的官话，实自东晋南朝始。晋代永嘉之乱，北人争相南迁，且大多集中于以建康为中心的长江南岸，这是北方方言第一次冲击南京方言。[①]据《晋书·地理志》记载，建康一带侨置的郡县有二十多个，侨民中有不少是北方的世家大族，"洛京倾覆，中州士女避乱江左者十六七"。[②]因此，东晋士大夫多中原旧族，故盛行为"洛生咏"，亦即洛下书生的讽咏声，音色重浊。《南齐书》载：

---

① 南京市地方志编纂委员会编：《南京方言志》，南京出版社1993年版，第1页。

② 卢海鸣：《六朝时期南京方言的演变》，《南京社会科学》1991年第2期。

“张融，字思光，吴郡吴人也。……出为封溪令。……广越嶂崄，獠贼执融，将杀食之，融神色不动，方作‘洛生咏’，贼异之而不害也。”①对此，陈寅恪分析道：“张融本吴人，而临危难仍能作‘洛生咏’，虽由于其心神镇定，异乎常人，要必平日北音习熟，否则决难致此无疑也。”②

同时，江东吴语受到北方话的冲击，直接表现就是南方土著居民中的士族阶层兴起北方话学习潮流。葛洪《抱朴子·外篇》云：“余谓废已习之法，更勤苦以学中国之书，尚可不须也。况于乃有转易其声音，以效北语，既不能便良，似可耻可笑。所谓不得邯郸之步，而有匍匐之嗤者，此犹其小者耳。乃有遭丧者，而学中国哭者，令忽然无复念之情。”③唐人张籍也说：“北

---

①［南朝］萧子显：《南齐书》卷41《张融传》，中华书局1972年版，第721页。

② 陈寅恪：《金明馆丛稿二编》，里仁书局1981年版，第267页。

③［东晋］葛洪：《抱朴子·外篇》卷26《讥惑》，四部·刊景明本。

人避胡多在南，南人至今能晋语。”[①]

这一人口大迁移带来的重要影响就是南京方言的变化。正如葛剑雄、曹树基指出：“永嘉乱后北方人南迁，首先使得建康至镇江一带的吴语消融于北方方言中。此时，也有不少北人东迁进入吴语的腹地，必然给吴语区注入了许多北方语音因素。”[②]周振鹤、游汝杰进一步说，由于“北来移民在人口、政治、经济等方面的优势，北方官话就逐渐取代了吴语。”[③]

另外，吴音外传，尤其是对日本语的影响很大。在日本的上古时代吴语就漂洋过海在岛国生根，成为土著语，即日本固有的语音。[④]“汉音”和“唐音”是继那以后才进入日本的。

---

①［唐］张籍：《张文昌文集》卷4杂诗《元嘉行》，续古逸丛书本景宋蜀本。

② 葛剑雄、曹树基：《简明中国移民史》，福建人民出版社1993年版，第618页。

③ 周振鹤，游汝杰：《方言与中国文化》，上海人民出版社2006年版，第17页。

④ 黄建香：《试探吴方言对古日语的影响》，《上海交通大学学报》2001年第3期。

隋唐五代宋元时期，南京方言总体特点是向北方方言逐步靠拢。虽然经历过东晋以来中原汉语的冲击和同化，但吴语仍没有完全消磨掉自身的语言特点，仍然以异于中原汉语的面目存在于中华大地。隋炀帝游江都时的相关记载，表明江南这一带的方言还保留了部分吴语："帝自晓占候卜相，好为吴语；常夜置酒，仰视天文，谓萧后曰：'外间大有人图侬，然侬不失为长城公，卿不失为沈后，且共乐饮耳！'"虽然隋唐时期，朝廷对金陵采取了抑制政策，但是由于金陵本身的重要地位，还是逐步恢复起来了。南唐建都金陵，经济文化已相当繁荣。然而，南唐享国不长，宋兵南下，"金陵受围经岁，城中米斗万钱，死者相枕藉……百姓疫死，士卒乏食"。金陵人口又经历了一次大聚散，北方人参与其间，推动金陵话继续向北方话转变。①

北宋末年，金人进据中原，又导致中原居民

---

① 顾黔编：《鲍明炜语言学文集》，南京大学出版社2010年版，第42页。

大规模南迁。汴洛居民多迁至江淮地区和宁镇地区，北宋以来形成的“中原正音”在此地生根。南宋与金人以淮河为界，由此形成了江苏境内方言三分——吴语、江淮语、徐州语——的基本格局。[①]

到了元代，由于蒙古人的统治与融入，北方汉语又发生了更加引人注目的变化——入声韵和入声调先后消失，音韵系统发生巨变，更加偏离“正统”。六朝时期形成的南方汉语，所受影响小，变化小，继续保持着汉民族共同语基础方言的地位。[②]

明代初期建都南京，南京又成为帝王都邑，全国的政治经济文化中心，是当时全世界最大的城市。太祖朱元璋徙20万淮人定居南京。到了明永乐年间，南京的40多万居民中几乎有一半的人口是从外地征调而来。居民主体的变迁无疑对南京方言产生巨大影响。李葆嘉指出：“朱元璋祖

---

① 李葆嘉：《中国语言文化史》，江苏教育出版社2003年版，第491页。

② 张卫东：《试论近代南方官话的形成及其地位》，《深圳大学学报》1998年第3期。

籍金陵之句容，由于江南市民文化日益发达，因此，明清官话的基础方言势必是以南京话为代表的江淮方言。”[1]明初官修《洪武正韵》的颁行，确定了南京话官话的地位，成为全国性的通语。“《正韵》序文中的所谓‘中原雅音’指的是当时南京的地方音。”[2]有学者认为《洪武正韵》音系是以南京话为代表的江淮话与传统读书音相调和的产物。不过，对于这一观点，学界尚有不同看法。明末来中国的利玛窦曾观察到：“在方言复杂的中国，有一种整个帝国通用的口语，被称为官话……”[3]当时南北官话的分水岭主要是有无入声。北方官话是阴阳上去四声，南方官话是阴阳上去入五声。耶稣会士学的，正是这种有入声的、5个声调的南方官话。

清初，南京人口变动不大。到咸丰二年

---

① 李葆嘉：《中国语言文化史》，江苏教育出版社2003年版，第261页。

② 满田新造：《中国音韵史论考》，武藏野书院1964年版。

③ 何高济等译：《利玛窦中国札记》，中华书局1983年版，第30页。

（1852），太平军围城时，南京城内居民近90万人。这时南京人口的组成，与明初相比发生了很大的变化。皖鄂两省人竟占十分之七，其中以皖人为多。另外，其中还有不少人从苏北迁来。此外还有一些满人贵族。所有这些人大都是从北方来的，他们原来都说北方话，则南京话的北方话成分又大大增加，对向北方话转变起很大推动作用。[①]太平天国战乱中城中人口损失较大，而迁入的太平天国人员又很少留下，所以城内又迁来大量来自江北的移民，使得南京方言进一步向江北靠拢。[②]即便到了清末，依然有“申话不如京话好，南京土白更堪嘉”的说法。光绪十八年（1892）第一个创制切音字的卢戆章所主张的官话标准音（正音）是南京话：“切音字乌可不举行以自异于万国也哉！又当以一腔为主脑，十九省之中，除广福台而外，其余十六省，大概属官

① 顾黔编：《鲍明炜语言学文集》，南京大学出版社2010年版，第43页。

② 周运中：《苏皖历史文化地理研究》，复旦大学2010博士学位论文，第91页。

话，而官话之最通行者莫如南腔，若以南京话为通行之正字，为各省之正音，则十九省语言既从一律。”①

民国以来，南京历经战乱，居民出入频繁。因迁入人口多来自北方，导致南京方言一次次北方化，以致南京话成为江淮方言中最接近北方话的江南方言。尤其是抗日战争期间，日寇屠杀30万人，导致南京人口大减。抗日战争胜利后，很快达到100多万人，补充进来的几十万人以苏北皖北为多。

但在老城南地区，南京方言仍保存相对完好。赵元任曾说：“南京本来外路人比本地人多，街上听起来，听了好几个带外路口音的人，才听见一个纯粹南京口音的人，但是南京人虽少，而南京音在这少数人当中，仍旧还暂保一种内部大体一致的系统。这种现状或者不能永久保

① 卢戆章：《中国第一快切音新字（原序）（1892年）》，《清末文字改革文集》，文字改革出版社1958年版。

持下去，现在城北已经有许多扬州化的倾向，但在城南还可以找出一个独立的南京音系来。”[①]20世纪初，现代语言学逐步确立，开始出现一些研究南京方言的专门著作。时间最早的，当推德国学者何美龄于1902年出版的《南京官话》，南京官话共计声母22个，韵母66个（其中入声韵19个），以严式音标记录单字读音，并标有阴阳上去入五调。稍晚一些问世的《中国音韵学研究》，由瑞典汉学家高本汉撰写，共有四卷。该书共涉及了包括南京话在内的33种方言，其中第四卷《方言字汇》第八章记录了2125个单字的南京话读音。中国人最早系统研究南京方言的作品是赵元任于1929年发表的《南京音系》。该文详细介绍了南京话的语音、音韵，共计声母20，韵母40，声调5，总结归纳了南京音系的九大特点，列出了1025个“南京单字音全表”，特别重视对南京方言中的发音差异做出区别，是研究南京方

① 赵元任：《赵元任语言学论文集》，商务印书馆2002年版，第283页。

言的一部力作。

新中国成立后的人口迁移使南京话进一步向北方方言靠拢。更为重要的是，随着普通话的推广，老南京话的特点越来越小。

## 第五节　其他民间习俗

除上述庙会和岁时节日习俗外，南京还有雨花石鉴赏、抖空竹、上梁仪式、南京老地名、南京吆喝、神医“南京先生”信俗、花神庙花神信俗等其他的民俗，这些民俗俨然成为南京人民生活的一部分，深深地融入市民的日常生活和精神世界中。

雨花石鉴赏是南京特有的习俗之一。雨花石，也称文石、观赏石、幸运石，是南京地区特有的观赏石，其色彩绚丽、纹理奇妙、诗意黯然，是南京的标志性物产之一，有“石中皇后”之称。雨花石的产地主要分布于秦淮河、滁河入江口附近的六合、浦口、江宁、雨花台、西善桥等处，尤以“五色文石”品质最佳。现存的六合

12座死火山约99平方公里的砾石层中蕴藏着雨花石，成为全国雨花石的主产区，也为六合地区鉴赏雨花石习俗的形成创造了丰厚的物质基础。

雨花石的收藏可追溯至四五千年前，北阴阳营文化遗址上出土了76颗雨花石。六朝时期，雨花石收藏成风。及至南宋，杜绾撰写了我国第一部石谱——《云林石谱》，书中对雨花石进行了如下描述："真州六合县，水中或沙土中出玛瑙石，颇细碎，有绝大而纯白者，五色纹如刷丝，甚温润莹彻，土人择纹采或斑斓点处，就巧碾成物像。"[①]可见雨花石在这一时期已被世人视为奇珍。

明清时期，涌现出了米万钟、林有麟、徐荣、张岱、姜二酉等雨花石收藏家。时至民国，人们对雨花石的收藏研究逐步成熟与完善。新中国成立后，雨花石鉴赏迎来了全新的辉煌。

六合独特的赏石习俗，一代一代传承着。可

---

①［南宋］杜绾：《云林石谱》卷中，《四库全书》子部九·谱录类一。

雨花石

（王晓镜藏）

雨花石

以说六合城乡几乎人人喜欢雨花石，家家藏有雨花石，六合人身上有雨花石佩件，案头有雨花石摆放，雨花石珍品有一定量的收藏。现在，六合雨花石经营、收藏、鉴赏、研究的人越来越多。当地成立了雨花石协会，拍摄雨花石电影，摄制雨花石电视片，举办雨花石文化旅游节，举办雨花石精品展，出版雨花石画册等等，形成新一轮雨花石鉴赏热潮，丰富了赏石文化。2007年，雨花石鉴赏习俗被列入首批南京市非物质文化遗产名录。

抖空竹是南京地区民众十分喜爱的一项民俗游艺活动。“空竹”在我国古称“空筝”，江南地区称“扯铃”“嗡”等，是一种民间特有的音响玩具。抖空竹由民间游戏陀螺演变而来，融技巧性、娱乐性、观赏性等为一体。南京长期以来就是抖空竹技艺发展具有代表性的地区之一。明代以后，抖空竹活动在北京、南京地区尤为盛行，它既是一项百姓健身娱乐活动，又是新春时期民间社火中的重要组成元素之一。清代伊始，我国抖空竹已从起初的民间游戏，逐渐发展为技巧多端的杂技节目。清代中叶以后，南京夫子庙地区成为我国三大民间百艺（戏）展演聚集地之一。抖空竹活动一直流行至今，改革开放以来发展迅速，现代抖空竹竞技形式丰富多彩，技艺难度水准和制作空竹水平不断提高。

抖空竹活动具有良好的娱乐观赏价值，在表演时与优美的舞姿和动听的伴奏音乐融为一体，更增添了人们的审美情趣。同时空竹制作技艺又是南京传统民间工艺的重要组成部分，材质优良、制作精美的空竹本身就具有一定的鉴赏收藏价值。2011年9月，抖空竹被列入省级非物质文化遗产名录。

大嗡与小嗡

抖空竹

南京老地名承载着一座城市的悠久历史与深厚文化。地名，原本是指称地理实体和表示空间方位的一种标识。但在特别讲究名讳和风水地貌的中国文化中，它不仅仅是地理实体和空间方位的指称，更是一种文化观念的表征。在文化的传承过程中，地名具有相对稳定性，往往实体变化了，而反映历史的文化信息仍然保留在地名之中。

南京的地名大多因承古代的称谓，古香古色是南京地名文化的一大特色。近年来，南京先后出版《南京市地名录》《新旧地名对照表》《故都印记——南京地名文化解读》等地名书籍，连续开展了“十佳新地名评选”“十佳老地名评

《故都印记》书影

燕子矶

选”“市民海选老地名”“市民学堂专家解读老地名”等宣传活动，向社会发布首批南京老地名保护名录50条，建议社会重新启用的老地名名录23条。

南京市民政局和南京市社科院联合出版，赵德兴、付启元、李惠芬等知名地方文史专家编撰的《故都印记——南京地名文化解读》一书，从文化的角度，对南京老地名做了系统梳理。作者认为，南京老地名集中反映了南京的地理环境、风土人情、历史变迁、美好愿望。钟山龙蟠（紫金山）、九华寻胜（小九华山）、梅岭暗香（梅花山）、鸡鸣春晓（鸡笼山）等地名与南京的自然环境相关；桃叶渡、毛公渡、水西门、东水关、进香河、燕王河、新开河、三汊河、迈皋桥、文德桥等地名与津渡桥梁相关；秣陵、建邺、建康、丹阳、白下、江宁等，与城市变迁有关；龙蟠里、龙蟠路、丹凤街、凤凰街、回龙街、龙门街、来凤街等地名，则表达了人们对南京的繁荣昌盛，对和平、团圆、幸福、美满生活的寄托和憧憬。2008年1月，南京老地名被列入市级非物质文化遗产名录。

上梁仪式是长期流行在高淳地区的一种民间习俗。早在新石器时代，高淳人的祖先已习惯在地面建茅舍居住。1997年在高淳薛城小岗头村发掘的新石器时代文化遗址，显示出距今6000多年前，这里的居民就已经普遍在地面搭建茅棚居住。遗址的居址层，清理出一座座圆形半地穴式的房基。房基四周分布若干个柱坑，用来竖木棍或竹棍，搭起屋架。

高淳民间建房的风俗习惯十分讲究。其中，上梁是建房最隆重的仪式，事先必须看好日子。上梁日子定好后，亲戚送来团子（或馒头）、糖果、红绿布、爆竹等礼品，表示祝贺。上梁这天，主家须设宴招待泥木匠师傅，称之“待匠”。上梁时，先由主家进香，再请泥木匠递酒祭梁。正梁高升时，燃响爆竹，亲友邻居纷纷跑来看热闹。上梁时习惯撒上梁团子，有的

房屋正在上梁

团子里面还包一枚硬币。

高淳上梁仪式长期以来传承于当地人民群众的社会生活之中，对促进村民邻里之间的和睦相处和社会安定团结起着积极的推动作用。2008年1月，上梁仪式被列入市级非物质文化遗产名录。

食用“水八鲜”为南京人的传统习俗。“水八鲜”指8种水生植物。“三天不吃青，两眼冒火星”“南京一大怪，不爱荤菜爱野菜”，这些南京民谚生动而真实地反映了南京人喜爱蔬食野

“水八鲜”之一

菜的饮食习惯。南京产的“八鲜”，所指物品说法不一，仅以菜蔬而言，就有水八鲜、旱八鲜之分，而水八鲜又有荤素之别。南京地区河湖纵横，池塘密布，是水生动植物生长的良好场所。其中，水芹、茭儿菜、莲藕、红菱、芡实（鸡头果）、茭白、慈姑、荸荠8种水生植物，人称“水八鲜”。“旱八鲜”是指春暖花开时节生长在田野间的野菜，分别名为：芦蒿、香椿头、马兰头、豌豆叶、荠菜、枸杞头、苜蓿头和菊花脑。

南京人喜爱“水八鲜”，不仅因其味道鲜美、营养丰富而具有食用价值，还对其充满了浓厚的感情色彩，赋予其很多故事和传说。每逢传统佳节，“水八鲜”已经成为百姓家中不可或缺的佳肴。

此外，还有南京吆喝、玄武湖菊花会、神医“南京先生”信俗、花神庙花神信俗等市级民俗类非物质文化遗产项目。

南京吆喝是独具南京特色的市声。所谓吆喝，又称“叫卖声”，古又称“市声”，是最为质朴原始的广告形式。吆喝不仅反映了一个城市

传统的修拉锁打扣

传统的磨剪子锵菜刀

“五行八作”的繁荣景象，也表现了一个地域的方言魅力。吆喝的形式多样，大致可以分为叫卖声、唱卖声和响器声。南京吆喝起源于何时不详，作为商品销售的一种形态，起初带有质朴的特征，并逐渐融为传统文化的一部分。

玄武湖菊花会因其在玄武湖举办而得名。玄武湖，又名后湖，位于南京城中，东枕紫金山，西靠明城墙。六朝时期辟为皇家园林，明朝时为黄册库，均系皇家禁地，是中国最大的皇家

玄武湖菊花会展示的菊花

园林湖泊，也是中国仅存的江南皇家园林和江南地区最大的城内公园。早在六朝时期，玄武湖就开始种植菊花。至唐宋时期，玄武湖种植菊花已载誉金陵。明清时期，玄武湖种植的菊花已流传海外。玄武湖菊花展始于1928年。1947年，民国南京市政府在玄武湖举办了盛况空前的“首都第一届菊花大会”。新中国成立后，玄武湖多次成功举办菊展，已成为景区重要的传统园事活动。2011年，“玄武湖菊花会”被评为玄武区非物质文化遗产。2018年，入选南京市第四批市级非物质文化遗产代表性项目名录民俗类项目。

神医“南京先生”信俗为南京市第四批市级非物质文化遗产代表性项目名录民俗类项目。相传在1919年，中国台湾地区的马祖岛北竿乡发生瘟疫，当地大户周府女眷染病，医药无效。就在周家人一筹莫展的时候，岛上来了一位医术高明的先生。先生说自己是从南京来的，听说这里有人生病，特地来把脉问诊。经过治疗，周府女眷痊愈。此后，乡民生病，都来找这位先生治疗，大家还尊敬地称呼他为“南京先生”。先生去世

据传梅山村是“南京先生”的故里

后，乡民感念他的恩德，雕塑金身奉祀。

花神庙花神信俗是南京市第四批市级非物质文化遗产代表性项目名录民俗类项目。花神庙位于南京市雨花台区花神大道附近，是南京古村名之一。早在元代，花神庙一带就是集庆（今南京）种植花卉的基地，明代花神庙曾是皇家御用花园。雨花台区的花神庙是花农们为了祈求上苍能给他们一个好的收成、好的年景而集资修建的庙宇，始建于元末明初，距今已有600多年的历史，后毁于太平天国战火。每年春季这里还会举

花朝节中的文艺演出

办花朝节庙会，游人如潮。1983年评选“新金陵四十八景”时，“花神竞艳”被列为其中一景。近年来，雨花台区恢复了这一民俗节日活动。

夫子庙花鸟鱼虫市为市级非物质文化遗产项目。早在六朝时期，南京就有种花赏花的习俗。宋代金陵供人欣赏的“艺菊”甚高，仅园丁结成的楼塔（“菊楼”）就有一两丈高。据明代《正德江宁县志》记载，当时已有牡丹、海棠、罂粟、玫瑰、水仙、桃花、紫薇、玉树后庭花（亦名映日红）等几十种。每年农历二月十二和九月

夫子庙花木鱼虫市场

十六，分别为“百花之神”和“菊花之神”生辰，人们都会上街购花，城南百花巷、花市大街等地往往挤得水泄不通。

明末清初以后，出现以种花为业的花农世家。不少花农采撷后便运到夫子庙叫卖。当时泮宫前的王顺兴鸟店、文德桥畔的杨家鸟店等，也兼营花木等品种交易。民国时期，夫子庙花鸟市的经营品种扩大到金鱼、蝈蝈、知了、蟋蟀、雨花石、盆景，以及鱼缸、鸟笼等配套商品的交易。

1949年以后，当地有关部门在夫子庙广场东侧开过一片花鸟商店，收购鸟类供外贸出口。南京市花木公司还在文源桥旁开设一处专营奇花异鸟的商店。夫子庙花鸟鱼虫市在“文化大革命”时期停业。改革开放以后，在政府有关部门的支持下，该市场得以恢复，并有了较大发展。夫子庙花鸟鱼虫市具有浓厚的民俗性。长期以来，种花、养鸟、观鱼、斗虫等相沿成俗，成为南京城南市民丰富自身精神文化的生活方式之一。夫子庙花鸟鱼虫市又是南京地区经营门类最齐全的市场，既经营本土出产的品种，还有来自全国各地的品种。夫子庙花鸟鱼虫市具有一定的历史、文化价值。花鸟鱼虫交易以及市场发展从一个侧面反映了历史留痕，同时也记录了当地民间文化和民俗活动的生态。目前，夫子庙花鸟鱼虫市场已更名为夫子庙花木鱼虫市场，并搬迁至七桥瓮。

# 第二章　传统技艺

一般来说，传统技艺主要是指人类在历史上创造并以活态形式传承至今的、充分代表一个民族的文化底蕴、审美情趣及艺术水平的最为优秀的传统手工技艺与技能。中华民族在长期的生产生活过程中，创造了大量的生产技艺与技能，如传统陶瓷制作技艺、传统织染技艺、传统金属制作技艺、传统髹饰技艺（髹即以漆漆物）、传统造纸技艺、传统印刷技艺、传统酿酒技艺等等。

南京共有国家级传统技艺类非物质文化遗产代表性项目4项，分别是南京云锦织造技艺、南京金箔锻制技艺、中国雕版印刷技艺（金陵刻经印刷技艺）、金银细工制作技艺。其中，南京云锦织造技艺、中国雕版印刷技艺（金陵刻经印刷技艺）已入选人类非遗代表作名录。省级传统技艺类非物质文化遗产代表性项目17项，包括天鹅绒织造技艺、绒花制作技艺、真金线制作技艺等。此外，还有市级传统技艺类非物质文化遗产代表性项目11项。

## 第一节　传统织染技艺

南京传统织染技艺最具代表性的是南京云锦木机妆花手工织造技艺。南京云锦发源于1500多年前的东晋、南朝时期，因其绚丽多姿、灿若云霞而得名。它历史悠久，技艺精湛，地方风格浓郁，为我国古代云锦、蜀锦、宋锦三大名锦之首，素有“中华一绝”的美誉。

元代在南京设立官办织造机构，明代设立了江宁织造局。其木机妆花手工织造技艺是中国4700多年丝绸织造史中，唯一不可被机器取代，凭人的记忆编织的传统手工织造技艺。历来为皇家御用品，为皇帝“度身定织”龙袍。

南京云锦织造通过“挑花结本”“通经断纬”“挖花盘织”等极为复杂的技艺，由熟练操作的拽花工与织手上下相互配合，大花楼木织机不停织造，一天也仅能完成5–6厘米，可谓“寸锦寸金”。云锦图案通常花形硕大，富贵逼人，色彩浓艳大胆，其运用夹金织银，以及织入缤纷的孔雀羽绒搓成的丝线的技术，使得云锦图案熠熠生辉，绮丽多姿。

《红楼梦》一书展现了各色云锦服饰，从中也可想见南京云锦在清代繁荣鼎盛的发展状况。南京云锦有“库缎”“织金”“织锦”“妆花”四大类品种。前三类已经可以用现代机器织造，唯“妆花”类产品，其木机妆花手工织造技艺尚不能被现代机器替代。

近年来，南京加大对这一技艺的保护和宣传力度。2006年6月，南京云锦木机妆花手工织造技艺被国务院列入第一批国家级非物质文化遗产名录。2009年9月30日，南京云锦木机妆花手工织造技艺被联合国教科文组织列入人类非物质文化遗产代表名录。位于南京市建邺区茶亭东街240号的中国南京云锦博物馆是中国唯一的云锦专业博物馆，作为国家三级博物馆，主要展示以南京云锦

云锦织机

云锦“万寿中华”（周双喜制造）

为代表的中国民族织锦艺术，是“新金陵四十八景”之一。2013年5月1日对外开放的江宁织造博物馆，内有云锦工艺和实物展示。

天鹅绒织造技艺也是省级非物质文化遗产项目。天鹅绒是丝绒的一种，为南京传统丝织工艺品，其特点是丝绒表面有耸立或平排的紧密绒毛或绒圈，色泽鲜艳光亮，外观类似天鹅绒毛，因此得其名。南京天鹅绒织造技艺来自漳绒。明代，漳绒传到南京，经加工创新，发展成南京独

天鹅绒织造

有的雕花天鹅绒。雕花天鹅绒高贵典雅，彰显南京丝织艺人高超的艺术水平和精湛的织造技巧，是南京文化遗产的杰出代表。明清两代，雕花天鹅绒生产极盛。明代天鹅绒在文人士大夫中风行无匹，一时间“金陵绒贵”，达官贵人无不攀比，以身穿雕花天鹅绒为荣。清朝时被皇族看上，成为宫廷御用服饰用料，并且远销东南亚诸国。2007年，天鹅绒织造技艺被列入首批江苏省非物质文化遗产。

## 第二节　传统印刷技艺

金陵刻经印刷技艺是中国雕版印刷技艺的代表之一。所谓雕版印刷技术，就是运用刀具在木板上雕刻文字或图案，再用墨、纸、绢等材料刷印、装订成书籍的一种特殊技艺。这一技艺迄今已有1300多年的历史，比活字印刷技艺早400多年。它开创了人类复印技术的先河，承载着难以计量的历史文化信息，在世界文化传播史上起着无与伦比的重要作用。

木刻水墨雕版印刷技艺是中国古老雕版印刷的遗存，在世界印刷史上占重要地位。南京金陵刻经处保存了中国古代传统的木刻水印技艺。金陵刻经技艺主要分为刻板、印刷与装订三个部分，每个部分又有若干道子工序组成。金陵刻经印刷技艺版式疏朗，字大悦目，刻印考究，纸墨精良。

金陵刻经处位于南京市白下区淮海路35号，总占地面积3923平方米，由我国近代佛教文化复兴奠基人杨仁山居士于同治五年（1866）创设。金陵刻经处是中国近现代佛教文化的传播源，是中国近代第一个高等佛学堂，同时也是全世界最大汉文木刻佛经版收藏中心、文物中心、出版中心。其珍藏的清光绪年间雕刻的18幅佛像版艺术价值在国内外享有盛誉。

2006年，金陵刻经印刷技艺被国务院列入第一批国家级非物质文化遗产名录。雕版艺人马萌青被江苏省文化厅命名为第一批江苏省非物质文化遗产金陵刻经印刷技艺代表性传承人。2009年，以扬州广陵古籍刻印社为主体申报的中国雕

雕刻经版

金陵刻经印刷技艺

版印刷技艺成功入选人类非物质文化遗产代表作名录。

## 第三节 传统金属制作技艺

自新石器时代出现青铜器以来，推动了各种金属的发现及冶炼，也促进了不同金属工艺的产生。黄金和白银是古代最贵重的金属，而用金银加工制成的器玩，更是历史悠久。传统金属制作技艺，是指以金属为原料制作各种工艺品或生活用品的传统手工技艺，主要包括金属饰品制作工艺、金属器物制作工艺。南京传统金属制作技艺包括金箔锻制技艺、真金线制作技艺、金银细工制作技艺等。

南京金箔锻制技艺于2006年5月被国务院列入第一批国家级非物质文化遗产名录。早在东吴或东晋时期，金箔即被用于佛像、神像贴金以及建筑业。清末，金陵金箔已行销全国各地。南京金箔业以葛仙翁为祖师，相传历史上栖霞区龙潭一带是生产金箔的故乡。

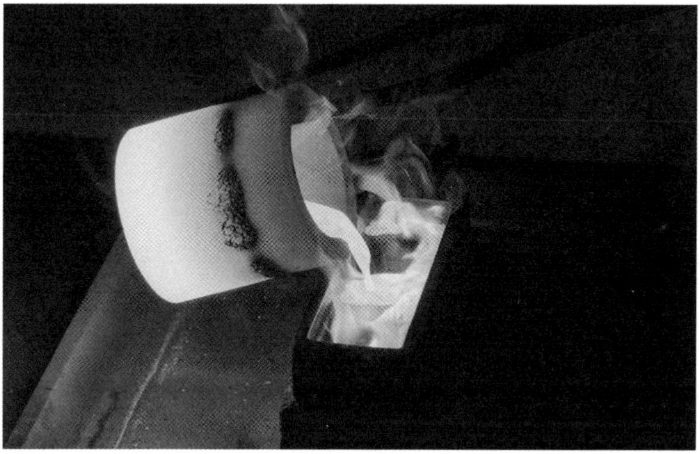

南京金箔锻制技艺（化金）

南京金箔生产工艺独特，技艺精湛。锻制过程系用真金经过倒条、下条、切箔等十几道工序锤炼而成。南京金箔色泽纯正，厚薄均匀，经久不变，其锻制技艺完整地保存了中国有着数千年历史的金箔生产技艺，具有较高的历史价值、文化价值和实用价值。

真金线制作技艺也是南京传统的金属制作技艺。在服饰上使用金银线，我国自古有之，且历朝皆很重视。元代在南京、苏州等地设立织染局，制作织金锦，这是南京使用金线的最早文字记载。明代织金锦衰微，但南京云锦中有一种金宝地妆花锦仍然流传至今。南京云锦区别于其他地区锦缎的一个重要特点就是大量用金，使整件织物形成一种金彩辉煌、瑰丽灿烂、典雅高贵的艺术效果。

如今在北京故宫博物院保存的明清两代的丝织物中，可以看到很多南京织造的妆花实物，其上的金线依然金光灿烂。明清宫廷服饰重用缂丝、刺绣，需大量使用金线，这些宫廷服饰大部分出于南京及苏杭二州三地的官府织造衙门。民国时期，南京做金线的业户主要散布在龙潭沿江一线的乡村。目前，国内仅南京金线金箔厂尚保留有传统真金线制作工艺，主要用于云锦、缂丝的织金、少数民族服饰及戏剧服装上的刺绣。

传统真金线制作技艺工序复杂，前后要经过打纸、做粉、揹金、担金、熏金、砑金、切金、

金线

检验包装、做芯线、搓线、摇线等十几道工序，其中许多工艺靠师徒口授心传，许多秘诀、要领都要靠制作过程中口口相传才能领会，技艺靠手把手的实践操作才能掌握。

南京宝庆银楼的金银细工制作技艺于2008年被列入国家第二批非物质文化遗产代表作名录。南京宝庆银楼创建于清嘉庆年间，从事传统金银饰品（摆件）工艺已有近200年历史。光绪十二年（1886），宝庆银楼从浙江宁波迁址南京驴子市

宝庆银楼银质摆件“八仙”（清代）

（今建康路），艺匠来自江、浙、沪一带。民国时期，“宝庆”工艺居南京众银楼之首。

宝庆银楼手工金银摆件从工艺上继承和光大了古代江南金银制品特色，风格上又糅合了北派技艺，加上金银原料熔炼技艺超群，造型上富有时代气息，因此形成了宝庆金银摆件工艺的特有风格和特征。

## 第四节　传统饮食制作技艺

民以食为天，世界上每个国家都有传统的饮食文明。中国饮食文化源远流长，品类众多。尤其值得一提的是，不同区域，由于气候、地理、历史、物产及饮食风俗的不同，经过漫长历史演变而形成一整套自成体系的烹饪技艺和风味，这样就构成了我们通常所说的菜系。最为人民熟知的是鲁菜、川菜、粤菜、苏菜、闽菜、浙菜、湘菜、徽菜等。

从近2500年的南京饮食习俗历时性变化看，时代特征比较鲜明的时期当属六朝时期、明清时期、民国时期和新中国成立后的改革开放时期。六朝时期，由于中原文化的介入，南京饮食习俗形成了以“南北交融”为特征的基本习俗风貌。明清之际是南京历史上城市经济最为兴盛的时期，饮食业随之兴旺发达，宴饮与小吃享有盛名。民国时期，由于西方饮食文化的介入，打破了传统习俗一统天下的格局，形成了以“中餐为主、西餐为缀”饮食新俗；改革开放以后，由于市场化、信息化、观念转变等社会变化因素的介入，饮食文化的地域性特征日趋消解，呈现出“古今中外”多元并存的饮食文化风貌。[①]

南京菜称为京苏大菜，又叫京苏菜、金陵菜，厨师则自称“京苏帮”，是苏菜的四大代表菜之一。金陵菜起源于先秦，隋唐已负盛名，至明清成流派。主要名菜有金陵三炖、金陵三敲等，还有颇负盛名的南京鸭馔，包括桂花鸭、烤

① 付启元，赵德兴著：《南京百年城市史1912—2012：文化卷》，南京出版社2014年版，第44页。

鸭、卤鸭、料烧鸭等。[1]明清时期，都市经济的发展极大促进了小吃的发展，金陵小吃盛行且形成了一定的规模。此时的小吃极为丰富，有本邦的，也有外邦来南京后根据口味习惯加以改造的。由于小吃卖点大多集中在夫子庙、秦淮河地区，故亦有“秦淮小吃”之别名。清代，仅袁枚《随园食单》中就收录了萝卜汤团、软香糕等55种点心。

民国成立后，一些老的茶馆酒楼，如问渠、问律、问柳和万全、金陵春等店逐步面向平民百姓，另外新辟了一些茶餐馆，如新奇芳阁、绿柳居等。由于历史延续，茶寮酒肆仍大多集中在秦淮河两岸夫子庙一带，以茶、酒、饭菜、小吃为主。

目前，南京传统饮食制作技艺比较有代表性的有国家级非遗项目素食烹制技艺（绿柳居素食烹制技艺），省级非遗项目南京板鸭、盐水鸭

---

① 顾黔著：《南京方言民俗图典》，语文出版社2014年版，第117页。

制作技艺，刘长兴面点加工制作技艺，清真菜烹制技艺（马祥兴清真菜烹制技艺），京苏大菜烹制技艺，安乐园清真小吃制作技艺，永和园面点制作技艺，素食制作技艺（鸡鸣寺素食制作技艺），秦淮（夫子庙）传统风味小吃制作技艺以及市级非遗项目龙袍蟹黄汤包加工制作技艺、洪蓝玉带糕传统制作技艺、六合牛脯制作技艺、星甸清真（烤鸭、五香牛肉）制作技艺、南京香肚制作技艺、清真小吃制作技艺、面点制作工艺（四鹤春、包顺兴）、端午彩粽制作技艺、麦芽糖制作技艺、东坝萝卜干制作技艺等。

素食烹制技艺（绿柳居素食烹制技艺）的保护单位是绿柳居菜馆。菜馆始建于1911年，因坐落于秦淮河畔绿柳之中，故名“绿柳居”，以经营正宗素菜和精美清真佳馔闻名遐迩。绿柳居的素菜素点上承六朝余绪，下应时令风尚，造型逼真，口味独特，具有“鲜、嫩、烫、脆、香”的特点；绿柳居的清真菜至清、至真、至纯，注重保持菜肴的原汁原味，出品了一大批深受穆斯林朋友喜爱的佳肴。

绿柳居罗汉观斋

绿柳居不仅有传统风味的素食，更有“水八仙”“旱八仙”等南京的时尚野蔬。目前南京成立了绿柳居非物质文化遗产工作小组，建立了绿柳居素食菜肴批发中心，投入巨资在汤山基地建立绿柳食品配送加工厂，采取措施让绿柳居的蔬菜烹制技艺长久流传。

刘长兴面点加工制作技艺的保护单位是刘长兴面馆。面馆创建于清末1901年，是南京最老的面馆。刘长兴面点加工制作技艺独具风格。在薄皮小包的制作上，一改其他帮口酵面制皮易通

香菇蒸饺

破的缺点，确保了小包卤汁多的特点。刘长兴面条亦与众不同，面条质白，面身光滑紧密，入锅经煮不烂，出锅面条爽滑劲道，自调面卤鲜香味浓，面浇色、香、味俱全，营养丰富，面汤讲究原汁原味。

南京板鸭、盐水鸭制作工艺是省级非物质文化遗产项目。南京板鸭历史悠久，闻名全国，其发源地在南京市江宁区湖熟镇，又称“湖熟板鸭”。南京板鸭主要分布在现南京市江宁区湖熟街道及周边乡镇和南京市区，是特定的自然历史环境下，融合汉回两族饮食文化于一体的传统食品，是湖熟千年文化积淀和饮食文化结合的产物。明代南京流传着一首民谣："古书院，琉璃塔，玄色缎子，咸板鸭"，将咸板鸭与云锦、大报恩寺和书院并列为南京四大名产。明清时，南京板鸭是进献皇家的贡品，称为"贡鸭"，官宦之间又互相将此"白门佳品""六朝风味"互赠，南京板鸭又被冠上"官礼板鸭"之名。清宣统二年（1910）举办的南洋劝业会上，魏洪兴生产的清真板鸭荣获一等奖。从此，南京板鸭更是闻名遐迩。

南京板鸭在生产工艺上独具一格，从选料制作至成熟，有一套传统方法和要求。制作板鸭要做到"鸭要肥，喂稻谷，炒盐腌，清卤复，烘得干，焐得足，皮白、肉红、骨头酥"。南京板鸭皮白肉嫩，油而不腻，香酥可口，讲究"色、香、味"俱全。

由于传统南京板鸭开始没有煮制工艺，食用不便，经板鸭制作艺人不断摸索实践，已衍生出盐水鸭等其他一些产品。《白门食谱》记载：

制作南京板鸭

“金陵八月时期，盐水鸭最著名，人人以为肉内有桂花香也。”故又名桂花鸭。此外还有琵琶鸭、酱鸭等。

秦淮风味小吃加工制作技艺是对秦淮地区人民在长期的生活实践中逐步发展形成的、具有一定品位规格的风味小吃制作技艺的统称。自东吴建都南京以后，南京就有以炒米为点心的现象。西晋左思的《吴都赋》中也有“矜其宴居，则珠服玉馔”的记载。《昭明太子传》亦载：“京师

南京秦淮小吃

谷贵，太子因命菲衣减膳，改常馔为小食。”唐代韦巨源的《食谱》中关于“建康七妙”描绘小吃的记载，让人感受到当时南京风味小吃的独特魅力。反映南唐生活的《韩熙载夜宴图》中，也描绘了当时流行于秦淮河畔的风味小吃。清代袁枚《随园食单》中记载，南京一带的点心就有50多种。

1986年，秦淮风味小吃研究会研究开发出“秦淮八绝”风味小吃，受到社会各界的欢迎。

如今秦淮风味小吃已跻身于中国“四大小吃”之列。秦淮风味小吃讲究咸甜相宜，诸味结合；荤素适宜，干稀搭配；老少皆宜，应时更新。

绿茶制作技艺（雨花茶制作技艺）是国家级非物质文化遗产项目。我国茶叶制作技艺有着悠久的历史。3000多年前，西周祭祀的仪礼上已出现了用来佐饮的茶。三国和西晋时代，江南饮茶已成习尚。唐代茶风大盛，玄宗在《开元文字音义》中将“荼”改为“茶”，其后还出现了陆羽的《茶经》。

绿茶是以高温杀青而未经氧化、发酵的茶种，又称“不发酵茶”。其制作流程主要包括采摘鲜叶、杀青、揉捻、干燥等步骤。目前，绿茶主要产于浙江、江苏、安徽、福建、四川等地。雨花茶为中国十大名茶之一。南京绿茶生产历史悠久，在陆羽的《茶经》中即有记载，迄今栖霞寺山后还留有“试茶亭”旧迹。至清代，南京种茶范围已扩大到长江南北。新中国成立后，由中山陵园高级工程师俞庸器负责茶叶炒制工艺技术实施，于1959年春研制成功，命名为“雨花茶”

以志烈士万古长青。

雨花茶生产基地位于江宁区谷里街道境内，土壤多为黄土和砂石土，肥沃疏松，是茶树生长的理想环境。雨花茶在传承我国古代绿茶的炒制工艺基础上，有着自己独特的炒制技术。1984年前均为手工制作，1984年后攻研全程机械炒制技术成功，给雨花茶的发展注入了活力。

雨花茶茶叶色、香、味、形俱佳，在绿茶中别具一格。其形如松针，条紧圆直，锋苗挺秀；

手工制作雨花茶

色泽翠绿，白毫显露；香气高雅，滋味鲜醇；汤色清澈，叶底嫩绿。2003年5月，雨花茶获“中茶杯”全国名茶特等奖。2006年5月，在全省第八届“陆羽杯”名特优评比中获一等奖。

## 第五节　传统手工艺品制作技艺

严格来说，这一分类并不特别准确。为了便于叙述起见，本书把绒花、折扇、羽毛扇、毛笔等日常用品归为手工艺品类别。目前，南京有省级非遗项目绒花制作技艺、制扇技艺（金陵折扇制作技艺）、制扇技艺（高淳羽毛扇制作技艺）、毛笔制作技艺（徐氏毛笔制作技艺）等，有市级非遗项目南京钟制造工艺、明觉铁画锻制技艺、青铜铸造技艺（泥范青铜）、铁器锻制技艺、高淳陶瓷制作技艺等。

绒花制作工艺相传始于唐代，至明清南京已有专业作坊生产。明清两代绒花生产盛极一时，南京城内三山街至长乐路一带曾被称为“花市大街”。20世纪三四十年代，南京绒花的制作

鬓头花：聚宝盆

业主要分布于城南门东、门西地区，以马巷、铜作坊、上浮桥等地段为多。绒花谐音“荣华”，寓有吉祥祝福之意，可以增添节日的欢乐气氛。因而，每逢“一事三节”（即婚嫁喜事和春节、端午、中秋），民间普遍有用绒花作装饰的习俗。南京绒花的题材多以花鸟鱼虫为主，色彩以大红、粉红为主，中绿为辅，以黄点缀，对比强烈，明快富丽；花型以中、小绒条为主，粗中有细，匀称和谐。2007年绒花制作技艺列入首批江苏省非物质文化遗产。

扇子是中国传统的工艺品。中国历来便有“制扇王国”之称，一把小小的扇子，除了作为夏日摇动生风的清凉工具，亦蕴含着中华传统文化艺术的智慧，凝聚了古今工艺美术之精华，堪为中华民族传统文物中的一件艺术瑰宝。2006年5月20日，制扇技艺经国务院批准列入第一批国家级非物质文化遗产名录。南京具有代表性的制扇技艺包括金陵折扇制作技艺和高淳羽毛扇制作技艺。

金陵折扇的流传据传与明成祖朱棣有关。他在南京登上皇位后，十分欣赏“数折聚清风，一捻生秋意”的折扇，下诏令宫内工匠“如式为之”，从此，折扇“自内传出，遂遍天下”。至明成化年间，南京成为制扇业的中心之一，折扇制造颇精，一直影响到清代，前后达600年之久。至今南京秦淮河南岸通济门一带，仍保留着“扇骨营”这一古老地名。明清时期，夫子庙三山街一带集中了许多销售金陵折扇的店铺，各种质地、规格、档次的都有。

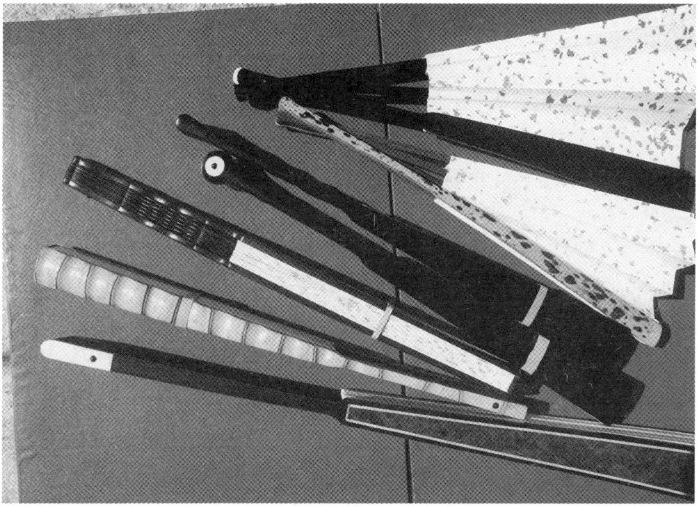

品种繁多的金陵折扇

金陵折扇的制作分扇骨、扇面两部分。好的扇骨除檀香木、桃木外，还有用鸡刺木等红木制作，最普遍的是用竹子制作，此外还常用乌木、檀香木、象牙、兽骨等珍贵材料。“拿火”是制扇骨的关键，拿得好，扇子包得紧。传统磨制扇骨，经过劈、浸、晒、磨、烫等多道工序，才能加工成蜡黄玉润、丝纹纤细、光洁明亮的扇骨。在“光滑如镜，可鉴人”的扇骨上进行微雕，是金陵折扇的一绝。金陵折扇经过数百年的流传之后，生产工艺水平不断提高，品种也更加繁多。

羽毛扇是高淳的传统工艺品。高淳羽毛扇制作据考已有1000多年的历史。明代曾将羽毛扇列为贡品。民国三年（1914），羽毛扇被选送巴拿马“万国博览会”展出，张怡鑫等四家商号得到奖励。新中国成立后羽毛扇制作技艺有所创新，1951年，高淳精心制作了四把珍贵的羽毛扇，赠送给毛泽东、朱德和周恩来等党和国家领导人，受到中央办公厅的嘉奖。1957年后，高淳羽毛扇开始大批出口海外，行销苏联、加拿大等23个国家、地区。1973年，淳溪羽毛扇厂更名为高淳羽毛工艺美术厂，产品畅销全国各地。改革开放以来，高淳羽毛扇已发展到80多个品种，远销欧美。

高淳羽毛扇花式繁多。从形状分，大体有全圆形、半圆形、宝剑形、桃子形、石榴形、佛手形、掌形、鸡心形、花瓶形等。制作羽毛扇的主要原材料是羽毛。制作一把羽毛扇，一般要经过配料、洗刷、修剪、戳扣、装柄、缝线等几道主要环节，辅以钉菊花柄、裁绒毛、画花等必要的

高淳老街羽毛扇生产经销点

装饰。

南京钟为仿制西洋钟，始于明末，因最早起源于南京而得名。钟的外壳造型仿造中国传统的插屏模式，又有“插屏钟”之名。清康乾时期，从中国的宫廷到民间，开始大量仿制西洋钟表。

正三号插屏南京钟，红木框，琉金铜雕面，珐琅瓷钟面

据清初刘献廷《广阳杂记》记载，明末江宁人吉坦然制造过一件叫作“通天塔”的自鸣钟，这就是最早的南京钟。此后，南京的造钟业迅速发展起来，鼎盛时期，南京城内曾出现过40多家造钟作坊，成为当时中国的制钟中心之一。南京钟制

作工艺非常考究，机座基本都是用红木，插屏的工艺装饰承苏式家具工艺的风格，屏芯边缘常饰各种吉祥之物。机械传动采用的是独特的链式发条机构，改善了发条力矩，动力均衡释放，钟走得非常稳定。

明觉铁画锻制是南京独特的传统技艺。这一技艺由清代溧水县明觉人汤鹏所发明。明觉铁画，采用低碳钢等金属材料，吸取国画和金银首饰、剪

现代明觉铁画：梅花

纸、雕塑等工艺特点，运用黑白对比、虚实结合的手法，以铁作墨，以锤代笔，以砧作纸，纯手工锻制而成，看起来栩栩如生，富有很强的立体感，并以其挺拔、豪放、刚劲有力、古朴典雅的风格而独树一帜。现流传下来的汤鹏作品有北京故宫博物院收藏的《四季花鸟》，安徽省博物馆收藏的铁字对联和巨型铁画《竹石图》，镇江市博物馆收藏了汤鹏的大幅山水铁画《溪山烟霭》等。2007年明觉铁画锻制技艺被南京市人民政府列入首批南京市非物质文化遗产名录。

# 第三章　传统美术

传统美术是一个很宽泛的概念，它包括绘画、雕塑、工艺美术、建筑美术。我们平时所谓的传统美术实际上是相对于现代美术而言，主要是指用传统手段所做出的作品。南京共有国家级传统美术类非物质文化遗产代表性项目1项，即中国剪纸（南京剪纸），这一项目已列入人类非遗代表作名录。省级传统美术类非物质文化遗产9项，分别是灯彩（秦淮灯彩）、十竹斋饾彩拱花技艺、象牙雕刻（南京仿古牙雕）、竹刻（金陵竹刻）、戏剧脸谱、木雕（南京仿古木雕、高淳木雕）、南京瓷刻、南京泥人、六合民间画等。此外，还有市级传统美术类非物质文化遗产9项。

## 第一节　工艺美术

南京民间剪纸明代初年已十分流行。民国初始，武老太、马志宏、张吉根等先后到南京挂牌剪纸而成为近现代著名剪纸艺人。旧时南京剪纸的传统品种，主要有用于婚嫁喜庆的喜花、作刺绣花样的绣花和鞋花、装饰斗香烛的斗香花、挂在门楣上的门笺等。

南京剪纸的风格与我国其他地区的剪纸有很大区别，尤以喜花和斗香花而闻名。喜花用于婚嫁妆奁、洞房和节日喜庆装饰。斗香花用于装饰斗香烛，是南京独有的、富有地域特色的刻纸。它融北方剪纸的粗放和南方剪纸的细腻为一体，艺术形式非常优美，花中有花，题中有题，粗中有细，拙中见灵，在浓浓的乡土气息中，透露出强烈的装饰艺术效果，形成了独有的南京地域风格。

2007年，南京剪纸被江苏省人民政府列入首批江苏省非物质文化遗产名录。2008年，被国务院列入第二批国家级非物质文化遗产名录。2009

1996年张方林创作作品《金鱼满堂》

年9月30日，中国剪纸（南京剪纸）被联合国教科文组织列入人类非物质文化遗产代表名录。

秦淮灯彩亦称“金陵灯彩”“南京灯彩”，是我国传统灯彩艺术的一个重要流派。早在东晋时期，南京就出现有关灯彩的文献记载。自明太祖朱元璋在南京倡导元宵灯节活动以后，秦淮灯彩艺术得以迅速发展，享有“秦淮灯火甲天下”

荷花灯彩

之美誉。

秦淮灯彩作为一门重要的民间美术，其制作集中国传统的编扎、绘画、书法、剪纸、皮影、刺绣、雕塑等手工技艺于一体，色彩上瑰丽明快、造型上简约大方、品位上大俗大雅。改革开放以后，随着各种新科技的相继介入，花灯艺人将形、色、光、声、动等组成要素融合于花灯一身，增强参与性和趣味性，更使得这一久负盛名的古老民间艺术焕发出青春活力。

南京十竹斋的水印木刻是继承传统的套印技术发展起来的。雕版印刷经过五代、两宋时期的不断努力与改进，出现套印的刊本。明万历、天启年间出现两色以至五色套印。明末著名书画家、刻书家胡正言继承上述彩色印刷的传统，经过与当时民间刻工的共同努力，把中国传统的绘画和水印版画的表现手法巧妙地结合起来，创就十竹斋水印木刻的“饾版”“拱花”技法。“饾版”不仅是版画艺术表现手法上的大突破，也是印刷技术上的重大发明。“拱花”艺术更是把版画的表现力发展到一个空前高度，它完全离开了对传统绘画复制的功能，进入创作版画的境界。2007年，十竹斋饾彩拱花技艺被江苏省人民政府列入首批非物质文化遗产名录。

## 第二节　传统雕塑

仿古牙雕是南京市著名工艺美术三宝之一，也是全国四大著名牙雕之一。1957年，牙雕艺人孙遇祥、沈正明等7人发起成立南京象牙雕刻社（后改名为南京工艺雕刻试验工厂）。1959年，聘请太平天国历史博物馆的文物复制和鉴定家陈新民作指导，开始研究复制古代象牙雕刻，并取得成功，从此形成以仿古做旧为主要特色的南京牙雕风格。南京仿古象牙雕刻融南北两派风格为一体，既有体现北派特色的圆雕人物作品，也有呈现南派特征的透雕、深浮雕和龙舟制品。1983

年，该项工艺被国家定为部级保密项目。2007年，南京仿古牙雕被列入首批南京市非物质文化遗产名录。

南京木雕行业在明代中期已盛行。20世纪60年代初，南京市工艺美术公司所属南京工艺雕刻厂开始研制仿古木雕，主要以浮雕制品为主。之后又研制圆雕制品，如仿古青铜器皿、天鸡瓶、蹲狮、福禄寿三星等。后又仿制唐代动物，其中尤以仿三彩马最为著名，品种繁多，大小不一，千姿百态，极为生动。此外，佛教题材也占据主要地位，取材非常广泛，既具各个时代特征，又具南京仿古的特色。南京仿古木雕以仿古为特色，在全国独树一帜，创造了仿古作旧的木雕制品，与牙雕一起形成南京独有的仿古雕刻体系。其品种多样，既有仿古器物，如仿青铜器等，也有人物类、花鸟类、走兽类木雕。艺术价值高，造型独到。2007年，南京仿古木雕被南京市人民政府列入首批南京市非物质文化遗产名录。

金陵竹刻在明代中期即与嘉定竹刻齐名，为我国竹刻艺坛两大流派。明代正德年间的金陵人

金陵竹刻臂搁《核桃沙地—仿汉瓦当》

李耀为金陵竹刻的先驱。万历年间，濮仲谦在吸收李耀扇骨雕刻技艺的基础上，创立以简、浅为特色的金陵竹刻流派。20世纪三四十年代，南京从事竹刻的艺人尚有五六十人。2007年金陵竹刻被南京市人民政府列入首批南京市非物质文化遗产名录。

## 第三节　传统绘画

南京传统绘画比较著名的是戏曲脸谱和六

合民间画。南京京剧脸谱艺术的代表人物有颜少奎和程少岩两位。颜少奎的作品继承了中国古代传统脸谱的技法，线条流畅，色彩艳丽，并将写实、变形、夸张多种手法相结合，装饰与实用相结合，制作出的京剧脸谱栩栩有神。程少岩的手工宣纸脱胎于京剧脸谱，有别于其他工艺脸谱，

陶红武丑（纸胎布制）

六合民间画

制作上采用宣纸脱胎，融汇雕塑、绘画、镂刻、彩扎、裱糊、脱胎等多种技艺，是在继承传统工艺脸谱基础上的又一次创新，同时又把舞台专业性谱式准确勾画的技巧用在其中，赋予其特有韵味。

六合民间画流传于南京市六合区冶山镇及周边乡镇，是包括当地年画、钟馗、中堂、灶头、家具、剪纸、木刻、刺绣和婚丧、祭祀用品的系列民间实用传统美术。绘画的作者大都是农民，题材以民情风俗、神话传说、花卉人物、鱼虫鸟兽、生产劳作为主要内容，寄托了人们对于美好生活的向往。

# 第四章 音乐曲艺舞蹈

音乐曲艺应属不同类别，为方便叙述，本书将两者放在一起。南京的传统音乐包括入选人类非遗代表作名录的中国古琴艺术（金陵琴派），国家级非遗项目的南京白局，省级非遗项目的留左吹打乐、高淳民歌、六合民歌等。曲艺有南京评话、打五件、南京白话、送春等。传统舞蹈类有国家级非物质文化遗产项目竹马（东坝大马灯）和龙舞（骆山大龙）以及省级传统舞蹈类非物质文化遗产项目手狮舞（江浦手狮、竹镇手狮舞）、麻雀蹦、栢塘打社火、龙舞（栖霞龙舞）、狮舞（铜山高台狮子舞）、龙舞（长芦抬龙）、竹马（湾北小马灯）、打罗汉等。

## 第一节　传统音乐

金陵琴派源自明末清初，是我国古琴界颇具代表性和影响力的重要流派。清末民初，黄勉之创办金陵琴社。王心葵、徐元白等人在1934年创立青溪琴社，活跃了当时南京的琴艺活动。1954年12月，南京乐社正式成立。金陵琴派倡导通过“琴心合一”走向“天人合一”，达到一种高雅精致、清澄脱俗的音乐境界。在艺术表现形式和

古琴演奏

内容上，突出琴歌与琴曲并存，强调继往开来，反对一味雷同，竭力表现音乐的灵魄魅力。

2007年，古琴艺术（金陵琴派）被列入首批江苏省非物质文化遗产名录，2008年被国务院列入第二批国家级非物质文化遗产名录。2009年9月30日，古琴艺术（金陵琴派）被联合国教科文组织列入人类非物质文化遗产代表名录。

“留左吹打乐”原名为“留左大鼓”，起源于汉代驻军军乐战鼓。在长期的发展过程中，军乐与民乐相互融合，逐步形成了具有固定乐律、独特风格的完整的乐曲，留左大鼓也慢慢成型。明清以后，管弦乐加入，与民歌民调融为一体。后来，留左吹打乐一度濒临失传。2007年，“留左大鼓”成功申报为首批省级非物质文化遗产项目，并更名为“留左吹打乐”。

高淳民歌是南京高淳区的传统民歌，属于“吴歌”范畴，涵盖了插秧歌、耘田歌、牧牛歌、上梁歌、送房歌、祝酒歌、情歌、车水号子、打夯号子、拔船号子、龙船号子等。高淳民歌，形式多样，曲调丰富，内容广泛。其中，

《五月栽秧》《采红菱》《一粒下土万担粮》《卖货郎》已成为国内非常有影响力的民歌。

六合民歌是六合地区广大人民群众在生产生活中即兴创作、口头传唱而逐渐发展完善的一种艺术形式，具有面广量大、丰富多彩、曲调优美、节奏明快等特点。音乐家谷建芬曾参与了六合民歌的收集整理工作。著名民歌《茉莉花》就是源出于六合金牛山脚下的鲜花调（何仿先生于1942年搜集，1957年加工改编而成）。1982年，联合国教科文组织将《茉莉花》编入亚太地区音乐教材向全世界推荐。2002年，六合举办了首届中国南京《茉莉花》音乐文化节。2007年，六合民歌《鲜花调》被南京市人民政府列入首批南京市非物质文化遗产名录。2016年，六合民歌被列入省级非物质文化遗产名录。

## 第二节　曲艺

曲艺是中华民族各种“说唱艺术”的统称，它是由民间口头文学和歌唱艺术经过长期发展演变形成的一种独特的艺术形式。据不完全统计，至今活在中国民间的各族曲艺曲种有400个左右。

南京白局是南京地区特有的古老曲种，是一种极具浓郁地方特色的说唱艺术，产生于明末云锦织机房，是云锦工人闲暇生活中自娱自乐的说唱方式。南京大学黎心竹、陈蕴茜的研究表明，早年间，白局曾名“百曲”，取曲种唱腔丰富多彩之意。而又有“白局”或“北局”之名，则是因为这种民间说唱艺术“不受值，故曰走白局”。清末民初，白局是民间庆典仪式表演中的重要曲种之一。

这门由底层民众编创的民间曲艺唱词生动活泼，调侃世事，唱词诙谐有趣，十分讨人喜欢。例如：

……恨呀吗一声爹，怨呀吗一声娘，你不该把我送去坐机房……

此外，白局又充分运用了南京方言的音调特性，使用诸如“焦头鸡”等地方方言中的特有词汇，语言诙谐、发噱，乡土气息极浓，贴近南京民众的日常生活。白局唱词大都淳朴简单，直抒胸臆，因此其中亦不乏粗俗词汇。如在《鸦片烟》这一曲目中就有脏话。

白局演出曾一度中断，改革开放以后，秦淮区文化馆进行了收集整理和抢救工作，其名称也由1960年的“白局”进一步具化为“南京白局”。2007年被列为第一批江苏省非物质文化遗产名录，2008年6月7日被列为第二批国家级非物质文化遗产名录。

南京白局传承人徐春华携弟子夏天
参加2018年全国非遗曲艺周演出

南京评话

南京评话与扬州评话、苏州评话堪称江苏民间传统说书艺术三大流派。清末民初，南京评话进入发展的兴盛期，到宣统二年（1910）前后，演出场所纷纷涌现，促进了南京评话事业的繁荣发展，也产生了不少名家高手。抗日战争前后，说书听书不亚于看戏唱戏，二者大有平分秋色之势。南京评话在历史发展上几经兴衰，延续迄今。南京评话的表演语言有其独特性，艺人叙述故事情节时，通常采用南京方言或南京官

白马镇石头寨民间艺人在表演

话，有时还穿插赞美自然、慨叹历史的诗词歌赋等。评话艺人还练就了擅长模仿各种各样音响的“口技”。

“打五件”起源于河南省光山县、罗山县一带。明末清初时，逐渐传入江、浙、皖地区。其最初的传人是洪、南、梅三姓。洪、南二姓不详，梅氏弟子自称“梅门”，其祖师爷名梅洪义。梅门四代以后，逐渐传入溧水，并在溧水地区开门授徒。“打五件”可以一人表演，亦可三五人一组，结伴演唱。表演时，没有舞台，没有现成的台本，演员也不化妆，大多为即兴发挥，或采用一人主唱、其他人帮腔的形式表演。主要唱腔叫“四平腔”。“打五件”的演唱内容广泛而多样，小到农民起居、嫁娶，大到英雄末路、朝代更替等等都有所表现。

南京白话由清末民初时南京两位评话艺人凤明和钱天笑所创。他们摒弃北方方言中不为南京民众所接受的生僻口语，直接改用南京方言、

南京白话老演员参加“秦淮之夏”演出

土语插科打诨。1963年，南京市秦淮区文化馆业余曲艺演出队演员李宗翰、梁汉辰等人，编演了一个节目——《老相识》，用南京本土方言白话表演，产生较大的社会影响。通过坚持不懈的努力，南京白话这一地方曲种终于正式诞生了。南京白话在曲目的表现方式中，表演重于说表，增强表演的亲切感。在曲目的语言运用中，依靠南京方言土话的独特性取胜，完全摆脱了北方语言的束缚。表演真情诚朴、风趣诙谐。浓郁的本

高淳送春走进中央电视台

土特色，别致的喜剧审美价值，为广大市民喜闻乐见。

送春也叫唱春、颂春，是高淳民间演唱的一种表现形式。高淳送春起源于明初的“打春”，在清代嘉庆、道光年间已相当盛行。至20世纪三四十年代，高淳送春艺人队伍不断扩大，遍及全县。改革开放以来，送春在内容上有了很大改进，充满着时代精神。送春的形式很简易，一般是两人搭档，一鼓一锣，一唱一和。常用的曲调有老调（又叫长调）和新调（又称短调）。

“送麒麟”又名宫锣鼓、唱门子，其形式源于凤阳花鼓。名为送麒麟，实为一种文明乞讨方式，主要流传于南京六合区。“送麒麟”表演形式多样，人员少则1～2人，多则5～6人，一般除夕至初五之间表演较多。表演者扛着纸糊篾扎的涂彩麒麟到各家各户送麒麟，先在人家门前敲打一番锣鼓，然后又说又唱，众人附和，敲与唱交替进行，祝福吉利话语随口道来，人称“急口才”。

李云龙老人表演《送麒麟》

## 第三节　传统舞蹈

竹马又称东坝大马灯，是南京高淳区著名的民俗活动，目前主要在高淳区东坝镇、固城镇两地流传。东坝大马灯是一项模仿战马造型的民

东坝大马灯

间舞蹈，用竹制“马架”，外表用绒布制成“马皮”，并饰以马鞍、缰绳、铜铃等，形神兼备。一般由七匹“马”组成，表演时模仿真马动作奔跃。采取老、青、少三代人组合的表演形式：老者负责指挥乐队并控制节奏，青年人担纲竹马表演，少儿们扮演《三国演义》故事中的人物。

大马灯造型比一般马灯道具高大，每匹马由两名体壮灵活的年轻人组合表演，前一人扮马头，后一人扮马身，两人须协调配合、高度统一，方能将马的各种神情、动作表演得逼真传神。在鼓点的指挥下，配以民间器乐，马队交替布阵，最后按“天下太平”四字笔画走阵收场，整个场面非常壮观。2011年，东坝大马灯入选第三批国家级非物质文化遗产名录。

龙舞又称骆山大龙，流传于溧水孔镇骆山村一带。骆山大龙具有400多年历史，传说明万历年间，该村名为杨培庵的进士避雨庙中，曾救过一条受到惩罚的小白龙。此时，龙尾已断，杨培庵心生怜悯，便将其携回家乡，安置于石臼湖中。从此，骆山村便有了舞龙的习俗。骆山大龙长近百米，体型庞大，因而有“江南第一大龙”的美誉。在舞龙打开并围起的场地中央，身着彩衣的

骆山大龙

儿童利用手中的云板，或跑阵式，或摆造型，形式多样，生动活泼。除舞龙和表演跳云的少年儿童以外，还有众多的辅助人员。2008年5月，龙舞（骆山大龙）列入第二批国家级非物质文化遗产代表作名录。

麻雀蹦始于明代，因以模拟麻雀蹦跳为主要的动作而得名，又因为开始流行于南京市江宁方山一带，故又名方山大鼓。动作主要模仿麻雀蹦跳，反映了农民耕田、抽水、播种、插秧、除草、割稻等劳作场景，以表现农民庆贺丰收、渴望社会安宁、丰衣足食等美好愿望。表演时一般用10面大鼓，10面大锣，辅之以伞、旗、幡。整

20世纪80年代，麻雀蹦为当地群众进行表演

个舞蹈以“七五三”为贯穿全舞的基本动作和鼓点，共有展翅、啄稻、亮翅、抱窝等部分。鼓点明快朴实，动作舒展大方，刚健有力，给人一种欢快奋进之感。2014年“麻雀蹦”被列为江苏省非物质文化遗产名录。

江浦手狮

江浦手狮是流行于南京浦口地区的民间舞蹈，又叫江浦手狮舞。这一项目起源于太平天国时期，为当时驻守在永宁地区的太平军战士健体、强身及与民同乐时用。太平天国失败以后，此舞便保留下来，为当地百姓在节日庆典、娱乐时用。后来濒临失传。20世纪80年代，经文艺工作者的挖掘整理，重现于世。随后，多次参加国内外演出，受到了广泛的欢迎，成为浦口区乃至南京市的一张具有浓厚民族特色的名片。2007年，入选省级非物质文化遗产名录。

所谓“打社火”，就是旧时春节期间乡村社会在酬神、祈神时的一种文娱活动，用以欢庆丰收，祈望来年平安健康。柘塘打社火流行于南京溧水柘塘地区，以双人抬鼓、鼓鼓相对见长，表

柘塘打社火

演内容丰富。溧水柘塘地区的打社火活动，抗战期间因日军的入侵而停止。全国解放初，社火曾有恢复，后由于广播影视的发展，打社火活动再也没有开展。20世纪90年代后，打社火活动被重新挖掘整理。2009年，入选省级非物质文化遗产名录。

# 第五章　医药体育

传统医药是指在现代医药之前，人类利用基于植物、动物、矿物的药物、精神疗法、肢体疗法，和实践中的一种或者多种方法来进行治疗、诊断和防止疾病或者维持健康的医药。中华民族在长期的医疗、生活实践中，不断积累、反复总结而逐渐形成具有独特理论风格的医学体系。传统体育在本书中主要是指中华民族世代实践、产生、发展并流传至今的体育，这些丰富多彩的传统体育项目是中华优秀传统文化的重要组成部分。

南京的传统医药项目主要有丁氏痔科医术、接骨术（张氏接骨）、张简斋中医温病医术、金陵洪氏眼科、金陵中医推拿术、金陵杨氏中药炮制技艺等。传统体育主要有六月六龙舟竞渡、殷巷石锁、史式八卦掌、金陵甘凤池武术等。

## 第一节 传统医药

丁氏痔科医术起源于康熙三十九年（1700），至今已有300余年历史。1956年，成立南京市中医院，丁泽民（丁氏痔科第八代）将祖传的中医秘方、药物、医术，毫无保留地奉献给国家。丁氏痔科现已逐步发展成为国家重点学科，是国家中医药管理局教学基地。1956年建院以来，已为省内外培养了1000余名学生，已有100多人成为各级中医院肛肠科的学科带头人。丁氏痔科医术的学术思想内涵深邃，不仅有较高的科学价值，在文化挖掘方面也具有重要的历史意义。对于中医诊断治疗肛肠疾病，对现代医学和现代文化起着不可替代的优势互补。2014年入选国家级非物质文化遗产保护名录。

南京传统接骨术主要有梁氏骨科和张氏骨科。高淳“梁氏骨科”创始人梁兴禄是高淳地方四大名中医之一，从20世纪30年代开始运用中医疗法治疗骨科患者。90年来，“梁氏骨科”的几代传人在多年临床实践中，不断钻研土方、验方、秘方，集百家之长，独创“梁氏整骨四字法”——托、拉、摸、拼；又创“梁氏熏洗验方”——苏木海桐皮饮法。所采用的内服中药、外做手术相结合的方法，具有活血化瘀、消肿止痛、骨痂形成早、骨折愈合快等优点，对骨折治疗效果较为显著。

浦口张氏接骨法距今已有360余年的历史，传承历时8代。张氏中医正骨采用祖传秘方配制的中药散的成分，同时配制严格遵循现代的生活习惯，杜绝出现忌讳的材质。在治疗各种骨折、关节脱位等疾病时，采用手法复位、世传接骨法与自制药剂相结合辅以夹板固定的方式，迅速解除病人痛苦。

张简斋中医温病医术传自民国时期国医张简斋。张简斋（1880～1950），字师勤，祖籍安徽桐城，生于南京中医世家。世居南京秦淮鞍辔坊的张氏医术一脉传承，至张简斋一代形成的“国医医术”在民国时期盛极一时，曾被尊为“当世医宗”，有“南张北施（施今墨）”之称，为民国时期“金陵四大名医”之首。曾任中国国医学会理事长、南京国医学会理事长、南京国医传习所所长、南京中医学校校长等职。张简斋一生行医40余载，有着极为丰富的临床经验，先后创立“温病”治疗思想和原则，在“下虚受风”症医治和治病顾护脾胃方面有独到经验和学术见解。临症治疗，每收奇效。张氏在学术思想上，根据“人以胃气为本”“胃者水谷之海”，以及“得谷者昌，失谷者亡”等经旨，提出“胃以通和为贵”的主张。在处方用药时，也处处照顾到胃，常以“二陈汤”做衬方使用。2007年，“张简斋国医医术”被南京市人民政府列入首批南京市非物质文化遗产名录。

## 第二节　传统体育

南京体育的历史由来已久。古代社会，南京的体育往往与养生、军事、娱乐等活动结合在一起，形成了养生、棋类、竞渡、气功、风筝、登高等各种形式的体育活动，但没有形成自己独特的体系。近代以来，随着西方体育的传入，南京的体育开始了其缓慢的近代化进程，田径和球类等竞技运动成为学校体育的主要内容。新中国成立后，尤其是进入21世纪后，南京的体育进入了蓬勃发展的新时期。群众体育蓬勃发展，人民体质不断增强；体育设施建设突飞猛进，人民体质不断增强；竞技体育成绩斐然，体育明星不断涌现，国际国内赛事纷纷落户；学校体育迈上新台阶，不断焕发新的活力；体育交流日益频繁，南京影响日益扩大；体育产业生机盎然，成为国民经济发展的新亮点。

比较有代表性的是六月六龙舟竞渡和殷巷石锁。龙舟竞渡，又称“赛龙舟”“划龙船”“龙船赛会”等，既是一种具有浓郁民俗文化色彩的群众性娱乐活动，也是一种有利于增强人民体质，培养勇往直前、坚毅果敢精神的体育运动。南京地区的龙舟运动盛行于明清两代。明代《正德江宁县志》载：“好事者买舟载酒戏游，谚云游舡，此俗近年最盛。”明末清初张岱的《陶庵

龙舟竞渡

梦忆》记载了竞渡的盛况："己巳竞渡于秦淮，辛未竞渡于无锡，……西湖竞渡以看竞渡之人胜，无锡亦如之。"

六月六龙舟竞渡是高淳水乡一项传统的民间竞技活动。六月六龙舟竞渡分别在官溪河、横溪河、茅城湾等河道中进行。相关事宜按当地村民约定俗成，自发组织。龙舟以长板船为龙体，船头绑扎龙头一个，船艄扎一龙尾，全长约15米。船上左右坐划手26人（13对），另有掌梢、司鼓者各一人，总计28人。竞渡的龙舟伴有锣鼓队，船中竖一根披挂有彩球和红绿绸布的梢竿。划手们便按预约或临时邀请其他龙舟配对竞赛，赛程一般以七八百米为度，分上下午两个阶段。六月六龙舟竞渡是因纪念郑和下西洋而举办的活动，作为一项水上集体活动，不仅可以强身健体，而且可增强各村间的友谊和各家族的凝聚力，有利于和谐农村的建设。

殷巷石锁相传始于唐代，盛于清末民初。民国时期在殷巷地区非常盛行。无论是农闲还是农忙季节，当地村民们在茶余饭后都有玩石锁的习惯。殷巷石锁既保留了以大石锁练力量的玩法，又保留有小石锁的花色动作。现有石锁多种，重量大小不一，从40多斤到120多斤。盛行时殷巷石锁有“霸王举鼎”“观音托掌”“二郎担山”“猴儿戴帽”“仙人背纤”“怀中抱月”“大开四门”等几十种套路，目前仅余10余种。

# 第六章　民间文学

民间文学是“五四”新文化运动后出现和流行的学术名词，是指广大民众在日常生活中集体创作并口口相传的一种作品，包括神话、史诗、民间传说、民间故事、民间歌谣、民间叙事等，是非物质文化遗产的重要组成部分。南京共有7项省级民间文学非遗项目，包括项羽故事、达摩传说、伍子胥故事、卞和献玉传说、崔致远与双女坟的故事、秦淮传说故事、梁祝的传说等，有市级民间文学非遗项目16项，包括脱尾龙传说、白鹿遗踪的传说、董永传说、太子山的传说、黄天荡的故事、龙袍玉带的传说、栖霞寺石匠成佛的传说、东山再起的传说、汤山温泉的故事、牛头宗的故事等。现择要介绍如下：

## 第一节　历史人物类

历史人物类指的是跟历史人物相关的传说、故事。比较有名的有项羽故事、伍子胥故事、达摩传说等。

项羽故事主要流传在南京浦口一带。2000多年前，刘邦和项羽双雄并起，叱咤风云，合力灭秦，其后又经过几年的楚汉相争，最后以刘邦的胜利和项羽的失败告终。项羽与浦口的历史传说，则源于该历史事件，并集中传述演绎了项羽经垓下之战败走浦口至乌江自刎的过程中，在该地区所遗存下的21个传说故事。这21个传说故事在浦口地域内，因故事而俗成21个地名，并又以地名为承载将故事流传至今。由这21个地名承载的相对独立又紧密关联的项羽与浦口的历史传说，在浦口地区妇孺皆知、广为流传。这对研究浦口地域的民风民情民俗具有重要价值。2007年，项羽与浦口的历史传说被南京市人民政府列入首批南京市非物质文化遗产名录；2009年，又被列入第二批江苏省级非物质文化遗产名录。

西楚霸王祠

伍子胥故事主要流传在南京高淳地区。公元前528年左右，楚平王听信谗言，将大将伍奢全家300多口抄斩，唯独伍子胥幸免于难。伍子胥逃入吴国地界，在今高淳固城沙滩头村附近迷失方向，见一女子在河边浆纱，便上前问路，浣纱女得知伍子胥乃忠良之后，以浆纱米汤为其充饥，并为伍子胥指明通往吴国的道路。行走片刻，伍子胥回头一望，见浣纱女立在原地，心中起疑，便又折回身来。浣纱女知其心意，便转身跳入溪中，舍生取义。伍子胥和浣沙女的故事，

伍子胥雕像

主要分布在高淳固城及周边地区，具有鲜明的地域特征。高淳将该故事收编入《高淳民间故事集成》。2007年，伍子胥与浣沙女的故事被南京市人民政府列入首批南京市非物质文化遗产名录。

达摩传说流传在六合区长芦地区。据传，达摩是天竺国香至王的第三个儿子，自幼拜第二十七代佛祖般若多罗为师。中国南朝梁武帝时

幕府山达摩洞

长芦寺

期航海到广州传教。梁武帝信佛，迎接达摩至南朝都城建业（今南京）。因教乘不合，达摩于梁普通七年（526）欲离开南京北上。梁武帝派兵追赶，达摩只好躲在山洞里（即现在南京幕燕风景区的达摩洞）。后折荻渡江至长芦寺（隶属六合区）。后又至定山寺如禅院驻锡。如今，南京还有幕府山的“达摩洞”，定山寺至今留有“达摩岩”“宴坐石”、达摩画像碑等遗迹。明代学者焦竑曾作《达摩洞》，其诗曰：

神龛沿绿峪，石洞俯苍波。
风雨江声壮，鱼龙夜气多。
停杯今日望，飞锡向时过。
欲问西来意，疏钟度薜萝。

2006年，六合区第二文化馆对这一民间传说进行了挖掘整理。2009年3月，“达摩传说”被江苏省人民政府列入江苏省非物质文化遗产名录。

崔致远与双女坟的故事主要流传在南京高淳地区。崔致远，唐代新罗学者，12岁入唐求学。

唐乾符元年参加礼部会试，一举登魁。不久调任宣州郡溧水（今高淳）县尉。根据《高淳县志》记载，高淳县东南境有座花山，山下有一荒冢，传说墓中长眠着两名同胞姊妹，因婚姻不能遂愿，双双含恨自尽，死后同葬一墓，人称“双女坟”。据传唐祥符二年（875），崔致远巡游花山，下榻在古驿道旁的招贤驿馆。是夜，梦中与双女坟中两位亡女饮酒吟诗，相亲相爱。醒后，遂作长诗《双女坟》以记述。唐中和四年（884），28岁的崔致远辞职回国，潜心文学创作，长篇叙事诗《仙女红袋》是其代表作。后来崔致远被尊为“东国儒宗”“东国文学之祖”。宋代张敦颐所撰《六朝事迹编类》中有《双女坟记》。清代诗人邢孟麟、孔昭云等均有吟咏崔致远与双女坟的诗篇。

## 第二节　神话传说类

董永和七仙女的爱情故事在江宁地区丹阳镇流传久远。明宣德八年（1433），丹阳境内开始

董永汉白玉雕像

流传董永和七仙女美丽动人的爱情故事。传说中的董永家住董塘村，家境贫寒，自幼丧母，父子相依为命，以种菜为生，董父积劳成疾，不幸病亡，董永无钱葬父，只得卖身到傅员外家为奴三年，贷钱殡葬亡父。人间孝道感动天宫七仙女，遂下凡乔扮民女，在老槐树下与董永相遇，以老槐树为媒结为夫妻。七仙女为董永赎身，吃尽千辛万苦，傅员外万般刁难，天宫众仙女帮助，董永才获得自由，从此夫妻二人过着“你浇园来我织布”的幸福生活。后人为了缅怀七仙女和董永，便在丹阳镇中心立了一座七仙女送子给董永的汉白玉雕像，上题“人间天堂”四个大字，旁边栽了一棵老槐树，作为永久性标志。2007年，被南京市人民政府列入首批南京市非物质文化遗产名录。

高淳区桠溪镇关于卞和献玉的传说在民间流传甚广。在高淳的桠溪境内，有一座山，叫望玉山，又叫泪山、状元山。相传在春秋时，有一个

卞和献玉

叫卞和的人，住在荆山脚下，在望玉山上发现了宝玉，先后送给楚厉王、楚武王，因两代楚王都认为不是宝玉而砍去卞和两足。楚文王登基后，卞和又将宝玉献上。为了表彰卞和献玉的真诚，楚文王便把璧命名为“和氏璧”，并以大夫之禄给卞和以养终身，故此山又名状元山。卞和也成了“献宝状元”之祖。卞和死后，卞家村人把他安葬在状元山下，立碑纪念。2005年以来，高淳对椏溪卞和献玉的传说进行收集、整理，寻访了民间故事员，并对该项目的音像图文资料建档，编写了《高淳民间故事集成》专辑，将椏溪卞和献玉的传说列入其中。2007年已将该项目列入南京市“非遗”名录。

太子山的传说流传六合地区。相传太子山是长江边上的一个小孤岛。长江连着东海。有一日东海龙太子悄悄地溜出龙宫，化作一条红鲤鱼，出海湾顺着长江向上游，却被一个老渔夫捕住。渔夫让女儿阿凤把鱼在集市上卖了，换一件漂亮衣裳。一路上鲤鱼双眼打转儿，似乎还含着泪水，发出哀求的目光。阿凤不忍心，就放了红鲤鱼。鲤鱼入水后化为一个穿红绣袍的美貌少男，向她抱拳作揖。从此阿凤深深地陷入孤苦的相思中。龙太子，也日日夜夜都在思念着阿凤姑娘。在太医龟的帮助下，龙太子回到了阿凤姑娘的身边，两人幸福地生活在一起，并育有一子。然而天有不测风云，和龙太子争夺王位的青龙三王子发现了龙太子私自出逃的事情，纠集天兵天将捉拿龙太子，龙太子和阿凤战死后化作一块“合抱石”，后人将这座山头叫作“太子山”，并建庙供祭，香火旺盛，常年不衰。

## 第三节　秦淮传说故事

与其他的民间文学不同，秦淮传说故事是秦淮夫子庙及周边区域流传故事的集合。2016年，秦淮传说故事入选江苏省非物质文化遗产代表作名录。这些故事有关于科举考试的，有关于名人大家、帝王将相的，有关于爱情的，还有关于宗教神话的。

乌衣巷的故事：乌衣巷位于南京市秦淮区秦淮

河上文德桥旁的南岸，是当时世家大族居住之地，三国时是吴国戍守石头城部队营房所在地。晋代乌衣巷是王谢两家豪门大族的宅第，两族子弟都喜欢穿乌衣以显身份尊贵，因此得名。从乌衣巷走出的文化名人有王羲之、王献之父子以及山水诗派鼻祖谢灵运等。唐朝时期，乌衣巷沦为废墟。

唐代诗人刘禹锡曾作《乌衣巷》：

朱雀桥边野草花，乌衣巷口夕阳斜。
旧时王谢堂前燕，飞入寻常百姓家。

乌衣巷

桃叶渡的传说：桃叶渡，又名南浦渡，是秦淮河上的一个古渡，地处秦淮河与古青溪水道合流处附近，南起贡院街东，北至建康路淮清桥西。桃叶渡是南京古名胜之一，位列于金陵四十八景内。在原渡口处立有“桃叶渡碑”，并建有桃叶渡亭。相传因晋代王献之在此送其爱妾桃叶而得名。桃叶渡也成为爱情的代名词。元代周德清《红绣鞋·郊行》曲：“题诗桃叶渡，问酒杏花村。”明代文徵明《石湖》诗：“落日谁歌桃叶渡？凉风徐渡藕花洲。”

沈万三传说：沈万三原为苏州人，明初朱元璋迁富户来京城，沈万三因此到了马道街。据传沈万三住在马道街时，为朝廷造了三分之一的南京城南城墙，功劳很大，甚至因此而衍生出聚宝盆的传说。朱元璋对沈万三富可敌国的财富产生了敌意，最终把他全家发配到西南一带。沈万三故居在秦淮老门东地区马道街一工厂内，现在还保留着金丝楠木大厅。

大报恩寺的故事与明成祖朱棣有关。大报恩寺塔的前身则是阿育王塔。东吴赤乌年间

大报恩寺遗址公园

（238—251），孙权建建初寺及阿育王塔，是中国南方地区的首座寺庙，有“江南第一寺”之称，后屡毁屡建。永乐十年（1412），明成祖为纪念明太祖和马皇后，下令在此重建大报恩寺及九层琉璃宝塔，历时十九年始完工。“依大内图式，造九级五色琉璃塔，曰第一塔，寺曰大报恩寺。”咸丰四年（1854），大报恩寺塔毁于太平军战火。2008年，大报恩寺遗址出土了佛顶真骨舍利等系列重要文物。随后，在该处建立了遗址公园。

江南贡院

贡院街的故事传说：贡院街，即南京夫子庙贡院大门前的街道。夫子庙贡院，始建于南宋乾道四年（1168），是夫子庙地区三大古建筑群之一。原为江宁县学考场，至明成祖时，建造江南贡院。到清光绪年间，贡院占地达数万平方米。其规模之庞大，为当时全国23个行省的贡院之最。至同治年间，已建供考试用的“号舍”20644间。因此，贡院街茶馆林立、酒楼密布，热闹非凡。1905年废除科举以后，贡院街成了名副其实的商业、餐饮和旅游一条街了。

# 后记

“南京地方文化概览”丛书旨在以通俗易懂的方式，向广大市民、历史文化爱好者介绍南京的历史文化资源、城市的发展变迁、习俗风俗等。作为丛书之一的《南京民俗概览》，主要关注的是南京的非物质文化遗产资源，也涵盖了南京的风俗。在撰稿时，我们运用生动活泼的语言、丰富的图片资料，全面介绍南京的特色非遗资源，力图使该书可阅读、可感知。

此书的编写，得到了南京市社科联（院）领导的大力支持和指导。南京市文化和旅游局提供了有关南京非物质文化遗产的大量文字资料和图片。书中也引用了部分已经出版或发表的关于南京历史、文化、艺术的专著、志书、文章等相关资料。南京出版传媒集团领导与编辑对该书的出版给予大力支持，付出很多的心血。在此表示诚挚的谢意。

由于编者水平所限，加之时间较为紧迫，书中难免会出现疏漏和不足，敬请读者批评指正。

编　者